UNREAD

沙发上的哲学家

看剧也是一种人生思考

Rick DuFer
[意] 里克·杜菲尔 —— 著

Daniel Cuello
[阿根廷] 丹尼尔·库埃罗 —— 绘

刘芷怡 —— 译

陈英 —— 审校

SPINOZA E POPCORN

Da Game of Thrones a Stranger Things,
capire la filosofia sparandosi un film o una serie TV

北京联合出版公司
Beijing United Publishing Co., Ltd.

目录

导论
哲学是我最喜欢的电视剧　1

第一章
在身体里老实待着？没问题！但具体在哪儿呢？！　9

> 正是因为拥有意识，人们才能自由做出选择。

第二章
敢于说"不"："钢铁侠"霍布斯对战洛克"队长"　33

> 我们每个人都能在内心深处分清是非黑白，正义便由此产生。

第三章
思想的主宰：走向胜利还是毁灭？　57

> 事情总会无可避免地朝坏处发展。

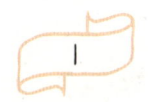

第四章

与其说科技是我的朋友，不如说…… 81

我们立足于过去的经验，常对现在抱有期望，又担心事实与自己的期望不符。

第五章

在《迷失》和《美国众神》中，摧毁上帝的盛宴 103

不同民族、不同时代的创造神的方式，可以反映出对应民族或时代的真实特点。

第六章

《权力的游戏》中的哲学思想 127

我看到的世界总是比真实的更局限。

第七章

海森堡与狄摩高根：道德哲学对抗妖魔鬼怪　153

我们遵守规则不只是因为周围有其他人，还因为这些规则已经刻在了我们的意识深处。

第八章

欢迎来到真实世界　179

去爱，去思考，去交流，试着每天都让自己更好一点儿。

结语

199

思考总是必要的。

专业词汇

202

译名对照表

203

导论

哲学是我最喜欢的电视剧

我为什么这么说呢？首先是因为许多编剧才华横溢，他们中有学者、科学家、数学家，当然啦，还有哲学家。为了推动情节发展并使其精妙绝伦，他们孜孜不倦地投入工作。你还记得《绝命毒师》中沃尔特·怀特对斯凯勒说"我就是威胁！"吗？可是，这一幕在康德面前却显得苍白无力。他否认之前形而上学主义者的观点，并直视他们的双眼，说道："呸！……一群愣头青！"

你还记得《纸牌屋》中的弗兰西斯·安德伍德接管国会成为美国总统的场景吗？好了，**相比霍布斯的《利维坦》而言，这简直是小巫见大巫！**

哲学史之所以引人入胜，是因为其中有很多激动人心的时刻，出现了许多让人难忘的人物。比如，在哲学大戏的"第四季"中，笛卡尔把人类思想翻了个底朝天，得出了一个重大发现（剧透慎入！），向大家揭露了一切错误的根源……不是管家，而是"我思"；更不用说"第五季"了：斯宾诺莎当着牧师、主教和红衣主教的面，宣称教徒无须他人解释，就可直接阅读《圣经》，因为它讲述的本身就是人类的想象。说完他就撤了，把话筒扔在地上。

巴鲁赫·斯宾诺莎，开除教籍！

每一季都以一种极具吸引力且非常大胆的方式和前一季紧密相连，而作为其中真正的主角，思想不断演化、改变、拆分又重组，彼此之间互相较量。其中一些被击败、推翻，另一些则得以巩固。**在如此激烈的斗争面前，《权力的游戏》看起来就像《天线宝宝》一样幼稚。**

好吧，我可能太激动了，但我想说的就是，把影视作品和哲学放在一起讲，一点儿都不奇怪。我们觉得奇怪，只是因为忘记了，**哲学本就惊心动魄，充满不可思议的转折，**而且哲学家受人追捧的程度其实和热门电视剧的主角相差无几。

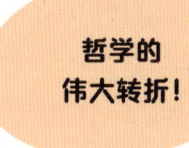 

哲学的伟大转折！

人类思想的发展非常有趣，就像《怪奇物语》一样让人欲罢不能。哲学观点则以我们熟知的《西部世界》中事件发生的速度纷至沓来。哲学研究的主题不外乎这几个：意识与思想的本质、理想政府的构建、权力与统治、自由与幸福、生与死的意义，以及实现自我、自在生活的能力。

电视剧的内容与哲学主题别无二致，甚至可以说，哲学就是一部用思想编成的剧本，其主旨在于让我们摆脱偏见，开阔我们看待世界的眼界，并提升我们审视自己的能力。

因此，我在这本书里要谈的就是一些改变了世界的哲学思想。这还不是全部。我还会提一些在近年热门影视作品中出现过的哲学思想，从《绝命毒师》到《副本》，从《指环王》到《权力的游戏》。我这么做，可不是想用流行文化举例，简化哲学思想，而是为了让你体会其内涵，并且让你明白，哲学与你的生活以及每天都会遇到的问题息息相关。

如果你喜欢我在这本书里谈到的某几位哲学家，那么你就会感受到，他们极具活力的思想、看似深奥难懂的概念和论证，其实比你想象的更加贴近自己。康德、黑格尔、海德格尔和尼采，他们每个人都用哲学充实自己的生活，这就有点儿像你平时会看自己最喜欢的电视剧一样。

只是嘛……没那么多打斗和爆炸场面！

研究哲学的方法之一，就是去理解前人的哲学观点与我们的生活联系得多么密切。哲学是个触手可及的工具箱，我们可以用它来提高自己的生活质量。此外，还得感谢流行文化，这可是人们能将这些观点运用到现实生活中的一大渠道。多亏了它，人们才能更多地思辨他人观点，推动自己思考。

而且，哲学考试还能得个高分呢！

但你可千万别觉得此书在手，教材和课堂就啥用没有。本书中，你能够得到的是一些有趣的点拨，它们的作用是抛砖引玉，或许你就会因此想阅读相关的哲学著作。难道不是吗？毕竟要学哲学史，总得先了解哲学家们的观点，对吧？

我敢保证，一旦你读完了这本书，你再看网飞剧就有不同了，你的视角会更全面、更独到、更切合实际。剧还是那部剧，只是你除了觉得剧情有趣，还会看出其中暗含的某些哲学内核。

用新思想去理解世界绝对没什么坏处，甚至恰恰相反，如果没有这些思想，我们的生活就会枯燥许多，就像在最喜欢的剧完结后，你陷入剧荒，百无聊赖。

现在，第一集开始！

第一章

**在身体里老实待着？
没问题！但具体在哪儿呢？！**

《副本》：当笛卡尔遇上武·科瓦奇

电视剧《副本》的主角武·科瓦奇活在他的皮囊之中，但同时，他自己就是那副皮囊。就像你存在于你的身体中，但同时，你就是你的身体。

你们什么都没明白？没事儿，现在我就给你们解释解释。

在这部根据理查德·摩根的同名小说改编的电视剧中，未来世界里的身体和意识是两个独立存在的东西，二者之间有一种特别的联系：所谓身体，其实就是皮囊，人们可以把意识备份在记忆芯片中，再把它移植到其他皮囊里。

这部电视剧的主角武·科瓦奇，就在一副新的躯体中苏醒过来。所有故事都起源于对一系列事件的调查——他想弄清自己为何得以重生。

身体和思维使我们成为自己：前者再怎么强健发达也总有缺陷，不堪一击且转瞬即逝，而且就算被毁掉了，也并不意味着它的主人也会彻底消亡。

而**意识**，则是一系列信息和无比复杂的精密算法的集合，**它才是身份、性格的载体。**正是因为拥有意识，人们才能自由做出选择。

如果想杀掉一个人，就得摧毁他的数字化意识芯片，只有这样，才能避免他的灵魂被转移到其他地方。事实上，移植意识芯片的过程就注定使个体永生，使记忆永存。

许多人确信，我们的意识（常常也被称为"灵魂"）能够在躯体腐烂后继续存在。

你们可能已经明白了，《副本》重新阐述了一些精妙且重要的哲学真理。那么历史上所有伟大的哲学家中，谁的理论和这部剧表达的观念最接近呢？我想到了一位哲学家：

身体对战思想

其实，笛卡尔的大部分观点以身体与思想、物质与精神之间的差异为基础。

笛卡尔认为，"广延实体"和"思想实体"是由上帝创造的两个实体，截然不同但又密不可分，共同将现实世界塑造成它应有的样子。

"广延实体"是指一切具体的、物质的、有机的组织，比如你的身体，但同时还包括所有由身体产生的直观感觉（焦虑时，你会觉得胃痛；心动时，你会小鹿乱撞；害怕时，你会起鸡皮疙瘩）。而"思想实体"则是指那些精神的、非肉体的事物（比如，你的性格、意愿和做某事的渴望），它是你自身观念与思想的一部分。

如果你觉得这很奇怪的话，那就想想有多少次你本打算朝一个方向走，你的身体却把你带往另一个方向。或者你肯定和父母、朋友大吵过吧，当你越来越火大、歇斯底里、乱摔东西、怒不可遏的时候，理智会让你冷静下来，因为还不至于为了一件小事毁掉一切。

你有没有在遇见前任时，内心生出一种与之旧情复燃的冲动，但你的理智告诉你这不太好？于是，你不得不在二者间做个选择。

就像其他任何哲学问题一样，身体和思想的分离并不抽象，它和我们每个人的生活息息相关。然而，还有个更有趣的问题：

> 身体和思想打起来的话，谁会赢呢？

笛卡尔知道问题的关键是什么：**在这个二元论中，如果思想占上风，那么就意味着整个物质世界不过是个幻象，毫无价值**。因为如果思想是存在的基础，那么只要我们不想，身体就不会存在，有机组织也只是个空壳。**但如果身体占据了主导地位，那就表明思想赋予人的自主性只是种假象**，是大自然为了不让人类发疯而使他们自欺欺人的一种方式。事实上，保证身体机能顺利运行的自然法则已经剥夺了思想赋予人的自主性。身体是生理组织，而在身体内部如果没有思想，这副躯体就会丧失自主能动性。

笛卡尔既想要鱼，也想要熊掌

可是，这两个说法，笛卡尔哪个都不喜欢。

他一开始想要证明身体客观存在，就算转瞬即逝，身体也不能被视为思想的产物。如果物质世界是人们想象出来的，那可就太吓人了，因为世界上的每个物体都会变成缥缈的幻影。

以《黑客帝国》为例，在"矩阵"中，每个人都是数字自我的精神投影，因此一切皆有可能。而主人公尼奥只运用了意识能动性，就能挑战物理和生物法则，通过只有在梦里才可能做出的动作躲避子弹。

但可怜的笛卡尔啊，他得注意不要让自己陷入另一个极端，不要认为意识是身体和物质产生的错觉才行。

不光是当今的丹尼尔·丹尼特，还有很多哲学家也都坚信意识是种魔术戏法，或是一种实用的幻想，它使我们认为自己在一个不受操纵的现实世界里自由幸福地生活着。这点就和叔本华的观点不谋而合了。

事实上，如果思想没有客观载体，并非真实存在，而是物质的假想产物，那么自由也不会存在，因为所有的现实事物都只是物质、具体、有形、机械的实体的产物。

幸运的是，在《副本》中，决定武·科瓦奇如何选择的不是躯体，而是储存在数字芯片中意识的复杂算法。这让他可以自由思考，在面前的众多道路中选择一条。我们的选择是对自己的恐惧和欲望能动分析的结果，而不是机体反应和刻板决定论的产物。总之，为了保全自由意志，我们需要的是意识的主观能动性，而非身体机能。

如果选择由简单且客观的物质决定，那么"有意识"又意味着什么呢？

一方面，武·科瓦奇似乎存在于躯体中，这就符合笛卡尔的哲学观点。笛卡尔认为，"外延实体"和身体完全不同，就算身体无法做到，意识也永远会以自己的方式存在。另一方面，当主角断言"真正的危险是永生，是忘记对死亡的恐惧"时，《副本》就揭露了二元论可能带来的后果。

总而言之，这部电视剧似乎想告诉我们，灵魂和肉体并非那般毫无关联，因为如果变换躯体太多次，就会有异化的风险。

可是，假如真如笛卡尔所说，科瓦奇确实存在于他的躯体中，而且能够在任何时候替换自己的躯体，那我们是不是得想想，真正的"他"到底存在于身体的哪个部位呢？

"你"位于你身体的哪个部位呢？

当你触摸东西时，你就存在于双手；当你思考时，你就存在于头脑；当你走路时，你就存在于双足。又或者，灵魂和身体会在一个固定的位置相遇？

真正的你，究竟位于这具极其复杂的机体中的哪个地方呢？

你有没有想过，你是在哪儿做出决定的呢？

如果"广延实体"不同于"思想实体"，那么它们应该在哪儿相遇、交会，从而形成我们所称的"本我"呢？

想要找到这类问题的答案并不容易，但笛卡尔还是做出了尝试，并且只要科学家和神经生物学家还没有得出研究成果，他的结论在今天仍然适用。事实上，伟大的勒内·笛卡尔得出了一个结论，他明确了思维与物质在大脑中相遇的具体位置——松果体。

由于形状酷似松果且在大脑中发挥着关键作用，松果体一直吸引着人类的注意——笛卡尔并不是第一个从中发现人性"圣杯"的人。在古希腊，加莱诺就极力反对将松果体视为意识调节器。但在中世纪，仍有许多人相信这个著名的脑内小球体的**形而上学特性**（甚至在今天，还有很多人称其为"第三只眼"或"心灵之眼"）。

这是因为明确思维与身体以什么方式、在哪个地方结合从而产生意识经验，对探讨"心物二元论"十分关键。

其实，笛卡尔的观点没什么好奇怪的。你想啊，活着的时候你也会觉得"本我"存在于大脑中对吧？所以，假如身份同一性是真实的，那它就只能存在于大脑中，而其他身体部位只是体现它的平台。

> **形而上学特性**：是指实体（人或物）的天性，即一切我们无法探究其原因的特性。比如，许多人认为，人类的思考能力就是一种形而上学特性，而不是进化演变出的技能。

现如今，唯物主义哲学家仍然认同这个已成体系的观点：身份同一性的"指挥部"位于大脑内部。

《副本》中也有松果体,只不过是以数字化的形式出现。

它和人体其他器官中的腺体没什么关系,也不是迄今为止生物学和医学所认为的那样,仅仅是我们内分泌系统中一个简单的组成部分,和大脑其他部分相比没什么特殊的地方。

植入后颈的记忆芯片是这部剧中和松果体最像的一个东西,它能储存个体意识(包括所有记忆、经历、性格以及身份认同感的基本特点)。"广延实体"和"思想实体"、肉体和思想正是在此结合,赋予了个体身份同一性。

我们当然没办法问他本人啦,虽然我总觉得笛卡尔的数字化松果体也许存在于世上的某个角落,藏在某个现代人的皮囊之中,而且现在这人正端着啤酒,一时冲动,与三五好友一起观看起了《副本》,并和他们讨论着武·科瓦奇的冒险。

二元论？一个极端两极化的理论

如果有人对《副本》嗤之以鼻，那这个人一定就是巴鲁赫·德·斯宾诺莎了。

斯宾诺莎认为，"思想和身体彼此分离"这个理论只是一个美好的童话，只是一个唬小孩的故事而已。

将我们的思想视为独立于身体的东西，会让我们产生一种拥有自由意志的错觉。我们会觉得能够自己做出选择，而不受机械决定论和有机决定论的限制。

"注意！"斯宾诺莎提醒大家，"绝对不是这样！"

斯宾诺莎不赞同笛卡尔的说法，他在决定论和否认自由意志存在的基础上，提出了自己的哲学观点。

头脑中并不存在绝对意志，也不存在自由意志。出于某种原因，人类产生了意愿，而这个原因又是另一个原因的结果，以此衔接，无穷尽也。

看来，互怼、抬杠并不是说唱歌手的特权，毕竟：

哲学家也是很接地气的嘛。

笛卡尔 对战 斯宾诺莎

你先别沮丧，斯宾诺莎并不想让我们丧失成为自由人的希望，相反，他的观点恰恰有助于我们看清形势，实现这个愿望。

关键在于，不能受迷信、伪逻辑、欺骗与自我欺骗这些思想自带的缺点影响，而要以一种清晰的方式认识现实。

哲学家勇敢地反对所有阻碍我们认识事物本质的因素，纠正（也就是净化、解放）人类的思想。多亏他们，我们才能更加自由。

我曾以为那是爱,但……

如果仔细想想,你就会发现我们一直是幻想的奴隶。当我们犯了错或者有什么糟心事时(比如,考试挂科、和朋友绝交……),我们更倾向于怪罪他人,而不是好好在自己身上找原因(也许是因为自己没认真学习,也许是因为自己说错了话而伤害了朋友……)。

我们狂热地崇拜能给自己带来快乐的人(歌手、主播、演员等),却忽视了他们和我们一样,都是普通人。又或者……

……我们爱上了某人,并把自己的期望强加在"他"身上。

我们把"他"理想化,对"他"的缺点视而不见,不在意真实的"他"究竟是什么样子。

思想和身体之间的二元论就和这些病态问题一样,是对事物缺乏清晰认知的结果。斯宾诺莎认为,就应该用哲学寻找解决此类问题的方法。

就像之前说的,人们会本能且直接地认为,自己的思想与身体彼此分离,互不相关。所以,我们才更应该推翻这个不切实际的观念。

斯宾诺莎认为,不顾一切地想要保留自由意志,不是缺乏诚恳，也不是缺乏明晰分析力的表现，而是尽管我们的经历一直表明我们并不自由，我们却仍然寻求自由的结果。

但考虑到这个观点充满**认知偏差**且未经证实，所以我们还是不能太沉迷于对自由的追求，不能像我们想的那样，只经历自己期待的或者更安逸的事，而不去面对现实真相。我们想把自己视为自由人，因此会更加注意真实世界中能印证这种想法的部分。但这既非推究哲理，也不是顿悟人生，实际上只是自欺欺人而已。

因此，面对不幸，我们更偏向于把它看成恶魔的诅咒，而不是一系列偶然发生的消极事件的连锁反应。同样，我们也更愿意把好事归功于自己的选择，而非未知的偶然事件。

认知偏差：在心理学中，认知偏差是指人们的思想自发曲解现实的倾向，是构成我们理解力的一部分。如果我们依从这种偏差，那它就会在极大程度上影响我们对世界的理解。根深蒂固的刻板偏见，就是最常见的认知偏差。

斯宾诺莎正是在这一点上与笛卡尔唱了反调。首先，他认为上帝（宇宙）是唯一至高实体，不需要依附于其他个体；其次，他还认为世上存在两种由上帝创造的实体，也就是我们已经提到的"广延实体"和"思想实体"。笛卡尔学派认为，上帝可以确保"我"用理智认识到的一切事物必然与现实世界相符，而且上帝的存在就是"我"存在的基础。

事实上，笛卡尔认为，上帝是由人类思考推论出来的，而人类的思想直接由上帝创造。

在此基础之上，笛卡尔提出了著名的哲学思想"我思故我在"：思想存在的原因在其本身。也就是说，上帝让思想形成，并确保了思想的具现和存在。

但斯宾诺莎完全不能接受这个观点。

如果世上本来就有上帝，它是未经创造的实体，那由他创造的思想怎么会是实体呢？在此基础上的观点又怎么会正确呢？

这位荷兰哲学家认为，笛卡尔太故步自封。想构建一种同时囊括物质决定论、自由意志和上帝概念的哲学体系，却将其中之一（上帝）置于首位，把其他两个放在次要位置（"广延实体"和"思想实体"），由此来证明这三种物质的存在，这种方法本就自相矛盾，所以，笛卡尔的说法并不成立。

"亲爱的笛卡尔啊，你可弄出来了一个大麻烦。"斯宾诺莎继续补上一刀。

《黑镜》与斯宾诺莎

你看过《黑镜》吗？你觉得这部剧怎么样？在《马上回来》这集中，斯宾诺莎的思想简直被体现得淋漓尽致（没错！确实如此）。我来告诉你为什么。

女主角玛莎的男友艾什在一次车祸中丧生，机缘巧合之下，她发现有一种智能服务，这种服务可以通过算法程序收集死者生前的数据，从而"复制"出死者生前的性格，使客户与逝去的人交谈。就这样，玛莎开始和复制人"艾什"交流。"他"和原来的艾什几乎一模一样，有相同的声音与记忆，相同的激情与幽默，相同的恐惧与欲望。这一切都让她恍惚觉得，自己好像真的再一次与爱人取得了联系。之后，她接受了这项网络服务的建议，把从性格到外貌都和艾什一模一样的复制人买回家。太不可思议了！真的有可能让逝者的思想和肉体都复活吗？

没过多久,玛莎就发现了一个难以接受的事实:要完完全全地复制一个人,只收集意识和身体的数据并把它们组合在一起是远远不够的。艾什的复制体只是替代品,不会像原来的艾什一样发脾气,不能自主做出选择,也没办法理论、争吵。

玛莎终于明白,思想和身体、算法和机体之间的关系并不是两种不同物质的简单组合,而是一种持续的交互作用。思想通过想法、动机与个性影响身体,而身体则通过动作、刺激、感知和情感影响思想。

思想与身体同时诞生,并存在于身体之中。身体在思想中得到体现,并在其作用下不断调整、改变。这种密不可分的同一性,使《副本》里那种替换皮囊、保存数字化意识的求生方法无法实现。**如果你换了身体,那你的意识也会发生变化;如果你的意识发生了变化,你的身体也就不再是以前的身体了。**

因此,艾什就是艾什的身体,这对武·科瓦奇来说也一样。

笛卡尔弄错啦:你就是你的身体。

在斯宾诺莎看来,思想和身体之间根本就不存在二元论——"思想是身体的观念"是他最重要的观点之一。他坚信,对唯一存在的实体而言,身体、思想和世界是不可分割的组成部分,而这个实体就是上帝。

斯宾诺莎所认为的上帝，远不是笛卡尔所说的"担保者"，而是宇宙整体本身，只与"外延实体"有关系。只有上帝能约束上帝，由此诞生了斯宾诺莎主义中的"上帝即自然"。他认为认识世界的唯一方法就是确定造物主和被造物的同一性，而这种同一性就体现在思想与身体的同一性中，所以，上帝即自然。

一个人产生想法的同时，行为方式也会发生改变，同样，行为方式的变化也会影响人的意识，这是一个良性的交互循环。其中，思想和身体这两个元素同等重要，二者都以决定性的方式影响着对方，而这个"对方"也是其本身。

吃过苦头，玛莎终于明白艾什的意识和身体是彼此影响的。意识因其与身体的联系而存在，没有意识的身体只是行尸走肉，所以她男朋友肉体的死亡也意味着其意识的死亡。因此，意识和身体的简单重组并不能让艾什死而复生。

之前，相比于斯宾诺莎的思想，笛卡尔的观点更受欢迎，因为他把思想和身体视为两个独立个体，可以让我们更加深入地研究大脑、研究意识、发展解剖学。可是近几十年来，斯宾诺莎的思想得到了更多科学证明的支撑，逐渐站稳脚跟。

例如，当代神经生物学家安东尼奥·达马西奥，就多次利用哲学观点证明身体和思想具有同一性，而非二元性。

达马西奥坚持认为："在现代神经生物学的基础之上，我们不仅可以说物象出现在大脑中，甚至还能够大胆地认为，极大一部分呈现在大脑中的物象源于身体传入的信号。"

身体就是思想。身体不仅仅指大脑，还指以完整形式存在的有机体，而思想则是身体的表现。二元论并不适用于这两者，它们之间存在同一性，紧密地联系在一起。

在这一章里，我就当你已经看过《盗梦空间》了！

如果你还没看的话，就快去补上吧！这部电影讲述了经验老到的盗梦高手道姆·柯布进入人们的梦境、窃取信息的故事。道姆·柯布的任务非常冒险，因为如果一个人在梦境中离世，那他的身体也会死亡，毕竟没有思想，身体也无法存在。

也就是说，我们在梦境中无意识的经历，不仅会直接影响我们的行为方式，也会影响我们的身体机能。**意识是机体的客观反映，而身体也受到脑中活动的直接影响，所以将思想从身体中剥离后，不可能无事发生。**

《盗梦空间》《黑镜》

和斯宾诺莎**推翻了笛卡尔的设想**,让人知道思想和身体都不能独立运作,而且也使人怀疑自由意志是否存在,因为在他们看来,我们所经历的每一种转变,无论是思想上的还是身体上的,都是由各种各样的因素决定的。想要随心所欲,就像试图让童话成真一样不现实。一切早已由意识和身体复杂的交互关系决定了,身份同一性也是这种错综复杂的关系的产物,根本没有空间让我们从中解脱。如果身体死去了,那思想也会消失;同样,如果失去了意识,我们的身体就会成为行尸走肉。

得了吧,别这样。

如果你觉得这一切都让人感到压抑,那是因为你仍然认为笛卡尔的思想优于斯宾诺莎的思想。比起认为决定论主导着我们的生活,你更喜欢沉浸于自由意识的幻想中,对吗?那你可就错了,斯宾诺莎没有全盘否定自由,他只是给我们提供了一个不同的视角而已。

在斯宾诺莎看来,自由不是不受身体及其限制独立做出选择,自由意味着以更加独特、更加强烈的方式使身份认同得到具象体现,时刻保持清醒,不受迷信影响,不耽于其慰藉。

我存在,不是因为上帝让我存在,也不是因为"我思故我在"——我存在是身体运转的必然结果。认识到这一点,我们才能幸福。

那该怎么做呢？在生活中，我们要意识到自己的人生是宇宙万物中不可分割的一部分；我们要让思想与身体和谐共生，而非矛盾对立；我们要知道自己的意识、自己的行为都是非凡且自由的运动的体现，也是宇宙万物的体现。

我是自由的，因为我拥有自己的身体和思想，它们二者无关二元论，也不需要彼此妥协。

漫画和爆米花 —— 丹尼尔·库埃罗如是说

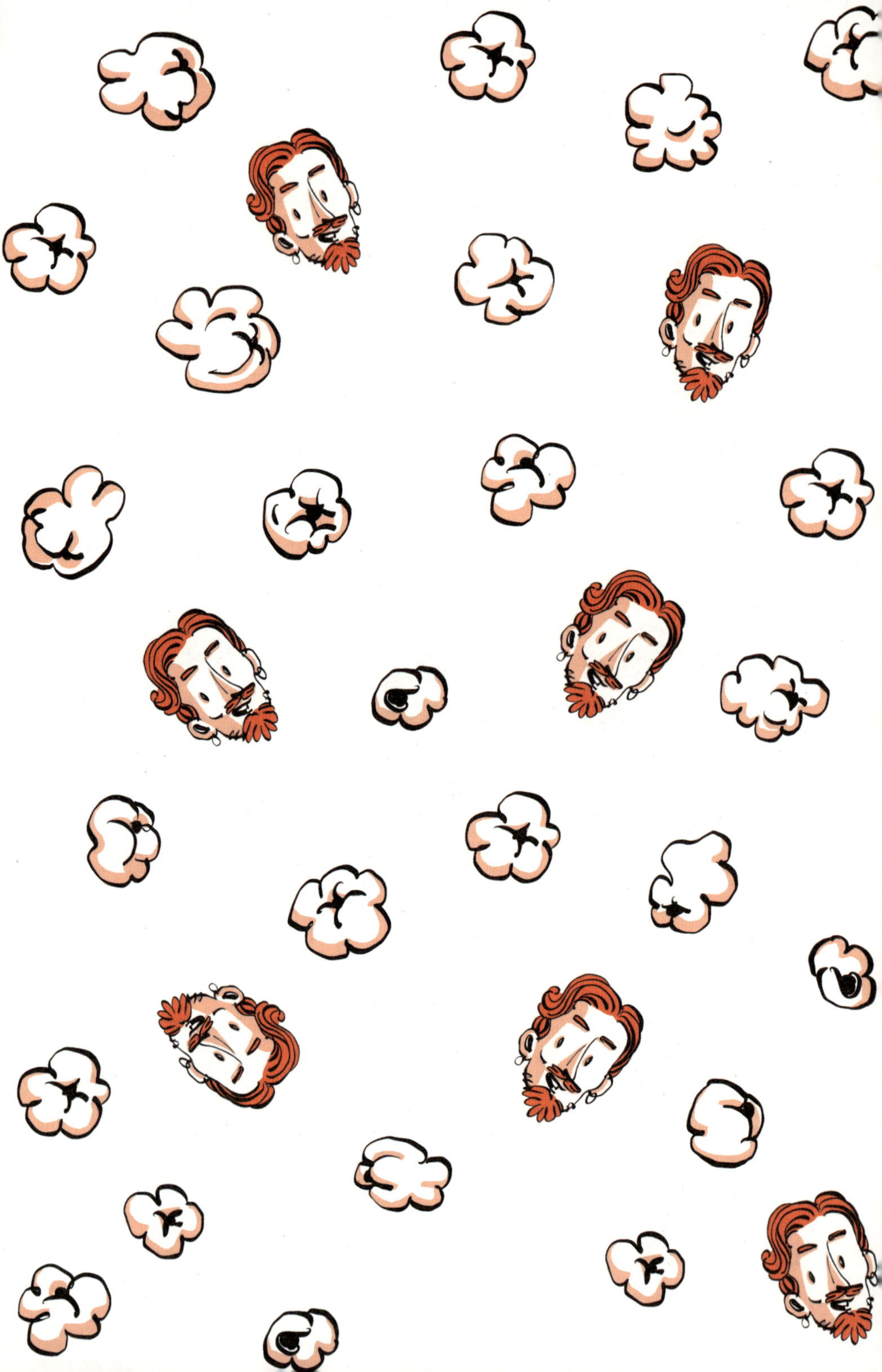

第二章

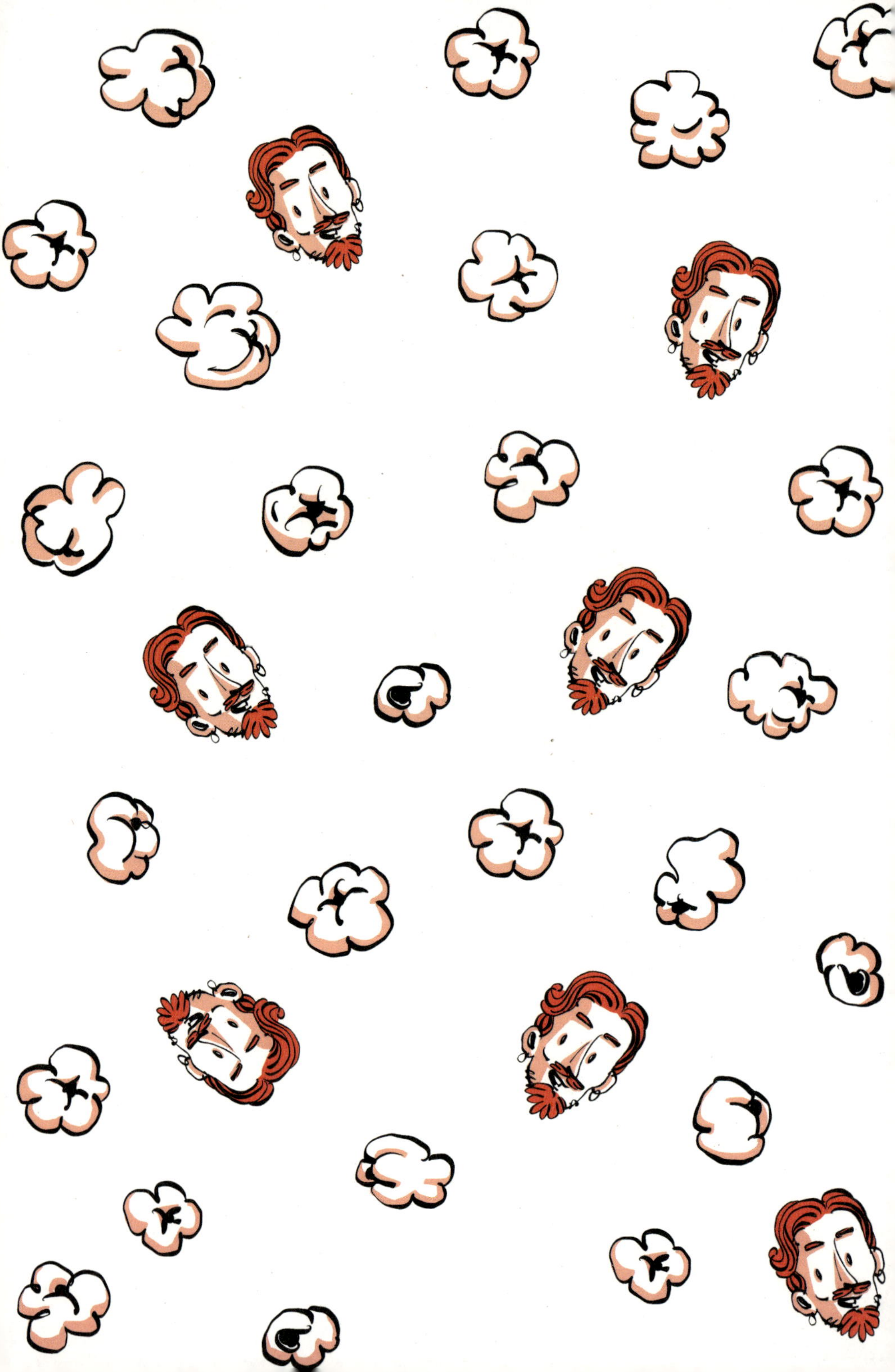

敢于说"不":"钢铁侠"霍布斯对战洛克"队长"

超级英雄的哲学

如果你违犯了法律,那你就是个犯人,要我说,这理所当然。

但是,假如违法的人是美国队长的话,会发生什么事呢?在我们看来,正义战士永远不会犯法,而且就算为了救一只小猫,他也可以连命都不要啊(向小猫致敬!毕竟它们才是朋友圈里真正的网红,对吧)。

更何况,我们也很难把他看成罪犯,这又是为什么呢?毫无疑问,这是因为比起原谅一个普通人,我们更倾向于宽恕有超能力的人。而且我们也知道,有时候法律并没在遵循以正义为本的原则。为什么?**因为法律由人类编写,体现的是人们普遍认可的**

正义观，所以其中存在一些不公正也很正常。

正因此，美国队长和钢铁侠才会在《复仇者联盟》里争执不下，尤其是在《内战》这一部里。托尼·史塔克（钢铁侠）认为，就算法律有时不公正，超级英雄也应该遵守；而史蒂夫·罗杰斯（美国队长）则坚称，当法律违背正义时，每一个人都有权利辩护。

可能你已经发现了，他们俩争论的完全就是个哲学问题：

> 什么时候可以违犯法律？为什么可以？

看这部电影时，**我一边津津有味地吃着爆米花**，一边饶**有兴致地把钢铁侠想象成托马斯·霍布斯，把美国队长当成约翰·洛克**。

尽管这两位哲学家从来没有真正打起来过，但在这一问题上，他们确实各持己见。

节制简朴、循规蹈矩的霍布斯认为，在任何情况下人们都应遵纪守法，但是吧，崇尚自由的洛克却认为，当法律不公正时人们可以反抗。

在《内战》中，人们发现超级英雄对社会有潜在威胁，这也成了这两位复仇者不和的导火索。

知道有成百上千的超能力者在满世界游荡也挺好，但前提是，他们不会为了拯救世界而摧毁某座城市，尤其是你所在的城市。

考虑到这一点，联合国决定强行颁布《索科维亚协议》，将其作为一种道德法规，要求所有超级英雄公开自己的身份。

人们之所以制定这份协议，不仅为了自己能在危急之时召唤复仇者，还为了控制他们的能力（以及他们的自由）。仔细想想，这其实也在情理之中。如果我知道有能瞬间摧毁一切的人正在满世界游荡，我可能也会被吓到。所以，我起码得知道他们是谁、在哪里。但是，有一说一，我们每个人都至少有一种超能力……

> 我的超能力就是哲学。

美国队长拒绝签署此项协议，这让局势急转直下，越发混乱。由于不遵守法律，史蒂夫·罗杰斯成了犯人。

现在，让我们好好想一想：会有不公正的法律吗？如果有，人们有权违反这条法律吗？

"钢铁侠"霍布斯，还有避免自相残杀的方法

钢铁侠坚信，即使法律不公正，也没有理由不遵守。霍布斯说："人对人是狼。"为了不被坏人压榨，好人也不得不违背规矩、

欺骗他人、采取暴力、欺压弱者，否则，他们自己便会时刻处于危险之中，甚至可能失去最宝贵的生命。

总之，霍布斯认为只有一种方法可以实现和平，那就是遵守社会法律。

大概你已经察觉到了，霍布斯是个"人性本恶"论者。

他的政治哲学观基于两种假设：

1）人类不值得信任，因为一有机会，他们就会为了自己的利益而彼此欺骗，所以，法律应当维护社会的和谐稳定，不让人类陷入自相残杀的战争中。

2）在和史蒂夫·罗杰斯争执时，托尼·史塔克反复强调："你没什么特别，我也没什么了不起。"在这一点上，他和霍布斯观点非常一致。

史塔克也不傻，他知道《索科维亚协议》有很大的问题，也会给自己造成威胁，但他的世界观使他无法和美国队长达成共识。对他来说，通过签署协议来维护世界和平，比因为法律不公正而愤慨更重要。

霍布斯信奉科学，是个实用主义者。他认为，国家是由人类建造的，那么建国之基就并非某种普世原则，而是人们之间不堪一击的共识。

你还记得亚里士多德说过"人是社会性动物"吗？他认为人们彼此合作、建造共同体的本能倾向促成了社会和国家的诞生。可在霍布斯看来，这简直就是无稽之谈。他认为，人们颁布法律，只是为了避免整天自相残杀。

复仇者们的正义观

为了不受《索科维亚协议》约束，美国队长坚称它失之偏颇，却没拿出个合情合理的理由，这才是他和托尼·史塔克的冲突所在。

他所做的，只是瞪着同伴的眼睛说："你知道这不公平！"

但是在霍布斯看来，史塔克和罗杰斯所应达成一致的正义观远远不及社会条文有力，而且还更危险。

实际上，我可以展示某条法律，解释它、理解它，并且施行它，我甚至还能有理有据地对它进行批判。但是，我不能确定，我理解的公平正义是不是和你理解的一样。

因此，几千年来哲学家们疯狂地争论什么是（以及是否真的存在）真理，也就说得过去了。**如果公平正义确凿无疑，那它就能让我们明辨是非、善恶分明。**但是看看周围我们就会明白，某件事对某人来讲是好事，可能对另一个人来讲就并非如此，反之亦然。

西班牙人可能会觉得斗牛没什么不好，毕竟这可是延续百年的传统习俗呢！但德国人就不同意了，他们觉得不应该把快乐建立在牛的痛苦之上。

一名医生可能会告诉重症病人他的真实病情，而另一名则可能更愿意先委婉地通知家属病人的情况……在这些问题上，人们的确很难达成一致。

公平正义普遍存在，但每一个人都对其有不同的理解……

> 这可真有趣，对吧？

所以啊，霍布斯认为法律和正义无关，法律是维护和平与避免社会骚乱的手段。钢铁侠也是这么想的，但即便他知道罗杰斯

有道理,最终还是将其视为仇敌。

另外,美国队长其实很清楚自己的选择会导致的问题,他也知道托尼并不傻。只有彼此理解(**就像解决所有剧烈矛盾冲突的方法一样**),《内战》才能结束。

洛克"队长"

目前看来,"钢铁侠"霍布斯似乎占了上风,但我们先别急着下结论,因为"美国队长"洛克手中还握有王牌。

洛克认为,人类并非总想着压制他人;相反,他们本能地倾向于合作,所以人类才是一种社会动物,法律应该以此为基础。

> 嗯,这个小伙子还不错嘛!

在洛克看来,法律是由人类社会自发产生的,所以是自然的,即 <u>自然法</u>。它不是一种诡计,也没有强加于人——这显然更糟。**人类没有制定规则,但为了生存的确也会遵守规矩**,人的自然性便从这些规则中得到体现。

洛克认为,这就意味着:所有人生而自由、平等、独立。每个人都不能被剥夺这种自然权利,任何人是否拥有对他人的支配权都由后者自己决定。

人生而自由，并在自由的基础上建立社会，这才应该是立法的原则。

> **自然法**：指的是烙印在人类基因中的，而非由社会文化决定的法规。自然法主义是一种以物质的客观存在性为前提的思想，但许多人认为，根本就不存在自然法，因为每一条法律都是在社会文明中由人制定、为人服务的（这便是法律实证主义的思想）。

就像你已经明白的那样，世界上的确有不公正的法律。如果统治者决定剥夺你的自由，那他就违背了人类生存的基本原则！

在史蒂夫·"洛克"·罗杰斯看来，法律唯一的作用就是维护人生而自由的权利，未经本人同意，任何人都不得剥夺其自由。

没有人可以不让你穿那件运动衫，也没有人可以逼你去听某类音乐，或者让你把自己的想法憋在肚子里。法律用来保护而非剥夺这些自由权利。

他认为，只要不给他人造成损失，任何阻止我按照自己想法生活的法规都有失公允。

但是，法律也可能被人利用，以庇护违背情理的行为，助长邪恶。

"钢铁侠"霍布斯认为，人非善类，所以更应该给他们立规矩，避免他们自取灭亡。但洛克"队长"是个乐观主义者，不像霍布斯那么悲观消沉。在他看来，人生而理性，善于社交，喜欢合作，而法律就是一种应始终顺应这种本性的手段。

所有暴行、所有战争、所有不公正都是错误使用法律的结果，而非人类本性使然。

人们为了从公共利益中分一杯羹而依附国家，当他们觉得公共利益损害了自己的利益时，便会脱离这个国家。

这就和《索科维亚协议》引发的故事一模一样。

不要告诉任何人

现在，史蒂夫·罗杰斯拒绝签署《索科维亚协议》的原因就很清楚了：这项协议限制了部分人的自由，比如，那些不想让全世界知道自己是超级英雄的人。

设想一下，有一个**和你年龄差不多**的男生，他害羞又内向，但仍鼓起勇气，艰难地交朋友。他的超能力就是"与众不同"，所以也不太容易管教。一旦签署了《索科维亚协议》，那这个男生很有可能得向所有人坦白自己和大家不太一样，这就让他没法过"正常"的生活。美国队长就不明白了：这公平吗？

> 好处只属于那些不用承受后果的人。

从社会逻辑的角度来看，签署协议的确可以保证法律得到尊重，但从这个男生的角度来看呢？生活是他唯一拥有的东西，但此刻自由却受到限制，因此，这是不公平的。

洛克认为，法律和国家可以维护人们按照各自的想法更好地生活的权利，也能提升人们以自己认为合适的方式实现自我的可能性。

因此，任何一条阻止你这么做的法律都是不公平的，公开说明你异于常人也是如此。

就像我们之前说的那样，如果你有超能力，在你不希望其他人知道这件事的情况下，法律却迫使你将它公之于众，那你就无法继续拥有自己想要的正常生活。

这种政策的后果在《X战警》中得到了体现。在这部影片中，超能力者被国家视为异类，他们就算没给他人造成威胁，也无法过自己的理想生活、组建家庭、体面地工作或者与大家和谐共处。

我们知道，法律如果将你的异于常人之处公之于众会发生什么，对吧？

就算美国队长的想法不利于社会稳定，我们也不得不承认，他的出发点非常合乎情理。这就说明，无论霍布斯多么有道理、多么务实，也没办法让所有人都认为法律与正义毫无关系。

我们每个人都能在内心深处分清是非黑白，正义便由此产生。 只是很多时候，正义这个概念无法用语言表达清楚。

但当我们察觉到法律有失公允时，相比于在大脑中产生对这一问题的意识，我们会先体会到一种生理上的厌恶感。

可这并不意味着违抗不公正的法律就不合理、罪大恶极或者令人难以接受。这表明，绝对的正义超出了人们能用语言界定的范围。

可惜，在《索科维亚协议》出现之前，还发生了一个真实的故事

我想你一定了解20世纪的历史吧，如果我给你讲种族法，你肯定会立马想到纳粹的驱逐行径。

正如汉娜·阿伦特所说，在20世纪30年代、40年代，很多德国人认为，应该公示谁属于犹太人、同性恋以及其他在当时不

受欢迎的群体，因为根据当时的说法，他们会对社会产生威胁。

这就导致这些人无法拥有一份体面的工作，无法幸福快乐地生活，被剥夺了公认的基本权利。

> 甚至连活着的权利也没有。

美国队长不愿意签署协议，一是因为这份协议有点儿形式主义，二是因为他深知当法律限制个人自由时，对超级英雄的区分很快就会沦为对特殊人群的隔阂。

事实上，就像纳粹成功地让德国人相信犹太人是真正的危险一样，如果政府想让人民觉得"戴耳环"的人绝非善类，也能轻而易举地做到。

他们为什么不让我们觉得"红头发"的人绝非善类呢？罗杰斯很清楚，当法律摆脱正义原则的束缚，每件事都可能瞬间崩溃。

哲学家卡尔·施密特向我们解释了这一切发生的原因。

卡尔·冯·克劳塞维茨认为："战争是政治通过其他手段的延续。"而在施密特看来，政治不仅能用来分辨敌友，还是用来决出由谁统治、由谁发号施令的方法。

施密特认为，在困难的"例外状态"中，需要通过政治选出领导者，再由领导者根据自己的意愿做出决定，区分敌我。

希特勒在20世纪30年代的例外状态中（德意志在第一次世界大战失败后陷入严重的危机）把犹太人、同性恋、吉卜赛人以及其他不受欢迎的人群归为敌人,所以他成了德意志当时的统治者。尽管很多德国人都清楚这不公平,但为了生存,他们还是被迫接受了这个决定。

如果"钢铁侠"霍布斯发现,他的观点没被用在正道上,又会作何反应呢?

我们可以确定的是,如果不遵守屈身辱志的法律,洛克"队长"就会变成犯人。可那些不遵守纳粹或者意大利法西斯主义种族法的人,就一定是罪犯吗?

可惜,人非圣贤,任何工具都可能被人类用来做坏事。法律是由人制定的,它也可以被用来实现邪恶企图。

幸运的是,我们的立法者足够公道,能以尽可能平和的方式来协调人与人之间的关系。但同时,我们也非常不幸,因为不公正的法律也可能被人打着维护社会和平稳定的幌子,用来阻碍部分人的生活,使他们不再幸福、自由。

> 真正的当务之急,是要在为时过晚之前意识到这个问题。

史蒂夫·罗杰斯目睹了德国纳粹的暴行，所以他深知，签署《索科维亚协议》就意味着向歧视迈出第一步，错误不公的法律也会变成行事准则。他不接受这项协议，单纯是因为他知道，这会使政府变本加厉地限制人们的自由与生活，甚至会让民主退化，让一切坠入新的黑暗深渊。

是约束，还是信任？

简单地说，在"钢铁侠"霍布斯看来，法律可以约束人们的行为，但洛克"队长"却认为，统治者和被统治者的关系应由信任维系。这就是他们俩之间最根本的不同。

霍布斯认为，全心全意地顺从至关重要，毕竟说到底，人类并不值得信任，得用铁拳对待他们，不让他们决定自己的人生才行。否则，人们就有可能自相残杀，社会又将陷入一片混沌之中。

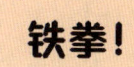

但在洛克看来，法律不可剥夺人们自我实现的权利。因为追求个人利益，寻求合作，从而形成国家是人的本能。而法律和政府又是国家的象征，所以统治者与公众需要相互信任。因此，当政府颁布的法律有失公正时，便会丧失公信力，人们反抗法律也就合情合理了。

不只复仇者会这样

但是，不是只有几位复仇者才认同洛克的观点。

《国土安全》的主角尼古拉斯·布洛迪的经历表明，对他而言，权力的唯一目的就是控制个体的行为方式，因此违抗法律在所难免。

作为一名潜伏于极端恐怖组织内部的间谍，从伊拉克战争中全身而退回到美国后，布洛迪一直酝酿着一个阴谋：他想除掉美国政府的一些高层官员。

在他不同寻常的经历中，他发现屈服于规定、权力，又或是他人的意愿，都相当于让别人限制自己的自由。起初，为了回到美国为政府效命，布洛迪不愿执行极端恐怖分子交给他的任务。但他后来意识到，美国政府也只是想利用自己达到一些见不得人、违背道德的目的而已。

在美国人眼中，布洛迪也是个"复仇者"：他是一个从让人必死无疑的战争中生还的英雄，是劫后余生、**斯多葛主义**与勇气的象征。但他也是不得不服从上级命令的部下，而他的上级可能是极端恐怖组织成员，也可能是美国人。

就像史蒂夫·罗杰斯，他也发现这些指令和正义沾不上边，目的阴暗险恶，一切都只是为了规则的制定者服务。

> **斯多葛主义**：斯多葛主义的特点是能够理智面对苦难，不被逆境击垮。爱比克泰德从容不迫地对想杀他的人说："如果砍掉我的脑袋能给你带来好处，那尽管来吧。"

不存在好的规则，也不存在坏的规则，因为这两种规则都是由善变的人类制定的。

当布洛迪意识到这一点时，他的身份认同危机已经根深蒂固、不可扭转了。对他来说，反抗或是服从不再是一种选择，而是一种必然，毕竟一个理性的人肯定会反抗强加在自己身上的不公正规则。

魔镜魔镜告诉我，谁是白宫里最坏的人？

如果要我定义一个掌权者，比如，热门电视剧《纸牌屋》里的弗兰西斯·安德伍德。说到他的所作所为，我又怎么会不同意尼古拉斯·布洛迪和史蒂夫·罗杰斯的观点呢？

安德伍德是典型的政治家，他假装为了追求正义而制定法律，并让其他人相信遵守法律能让他们的利益最大化，但实际上他只是为了满足一己私利。

弗兰西斯·安德伍德也是个不折不扣的马基雅维利主义者，他完全不相信人类。他唯一的理政方法，就是命令和压制他人，让人们屈服于自己的权力，这样他就能掌控一切，达到自己的

> **马基雅维利主义者：** 指的是为达到目的不择手段的人。他们的座右铭是："只要目的正确，就可以不择手段。"

目的。

《纸牌屋》之所以是一部反映政治权术的大作，是因为它向我们展示了法律的另一面。如果说《复仇者联盟》和《国土安全》是以守法者的视角叙事，那么这部剧则侧重于突出构思与制定法律的方法。

就算弗兰西斯·安德伍德的超凡魅力俘获了我们，就算他的犬儒主义吸引了我们，我们也会不可避免地想到，自己不可能归

顺这种人。

无论霍布斯和托尼·史塔克的观点多么合理，多么有益于维护

> ……哪怕没有法律，每个人也都能区分善恶。

社会和平稳定，我们也很清楚自己知道什么才是正义，因为……

我们缺乏的，常常是对《索科维亚协议》，对弗兰西斯·安德伍德，对鼓吹歧视、制造磨难、杀害无辜的不公正法律说"不"的勇气，因为对法律说"不"就意味着赌上了一切。

可是，美国队长、尼古拉斯·布洛迪这样的影视角色以及洛克这样的哲学家，可以帮助我们认清什么时候要昂起头颅，反抗不公。

漫画和爆米花 —— 丹尼尔·库埃罗如是说

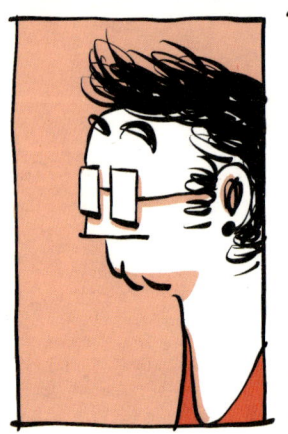

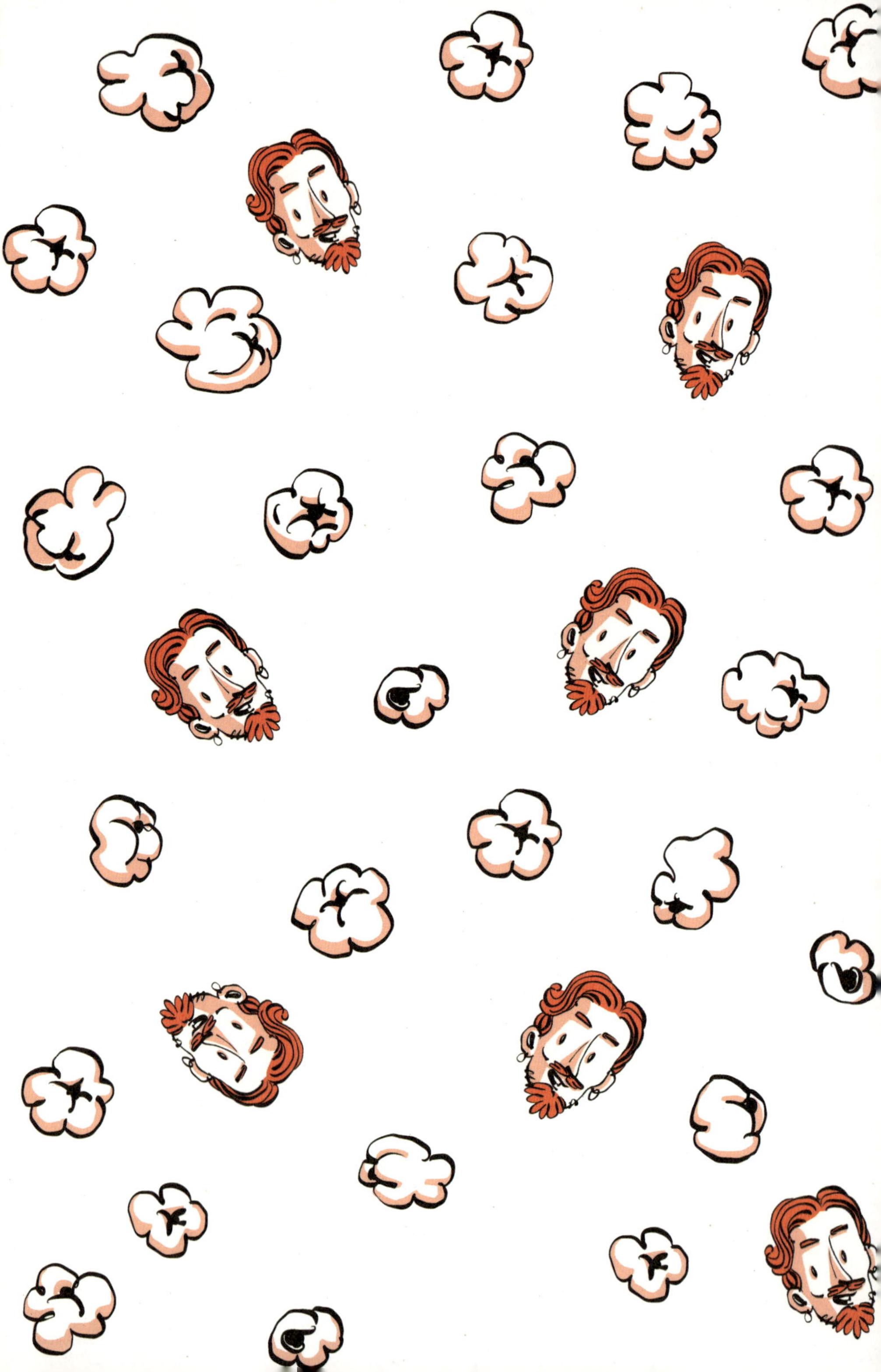

第三章

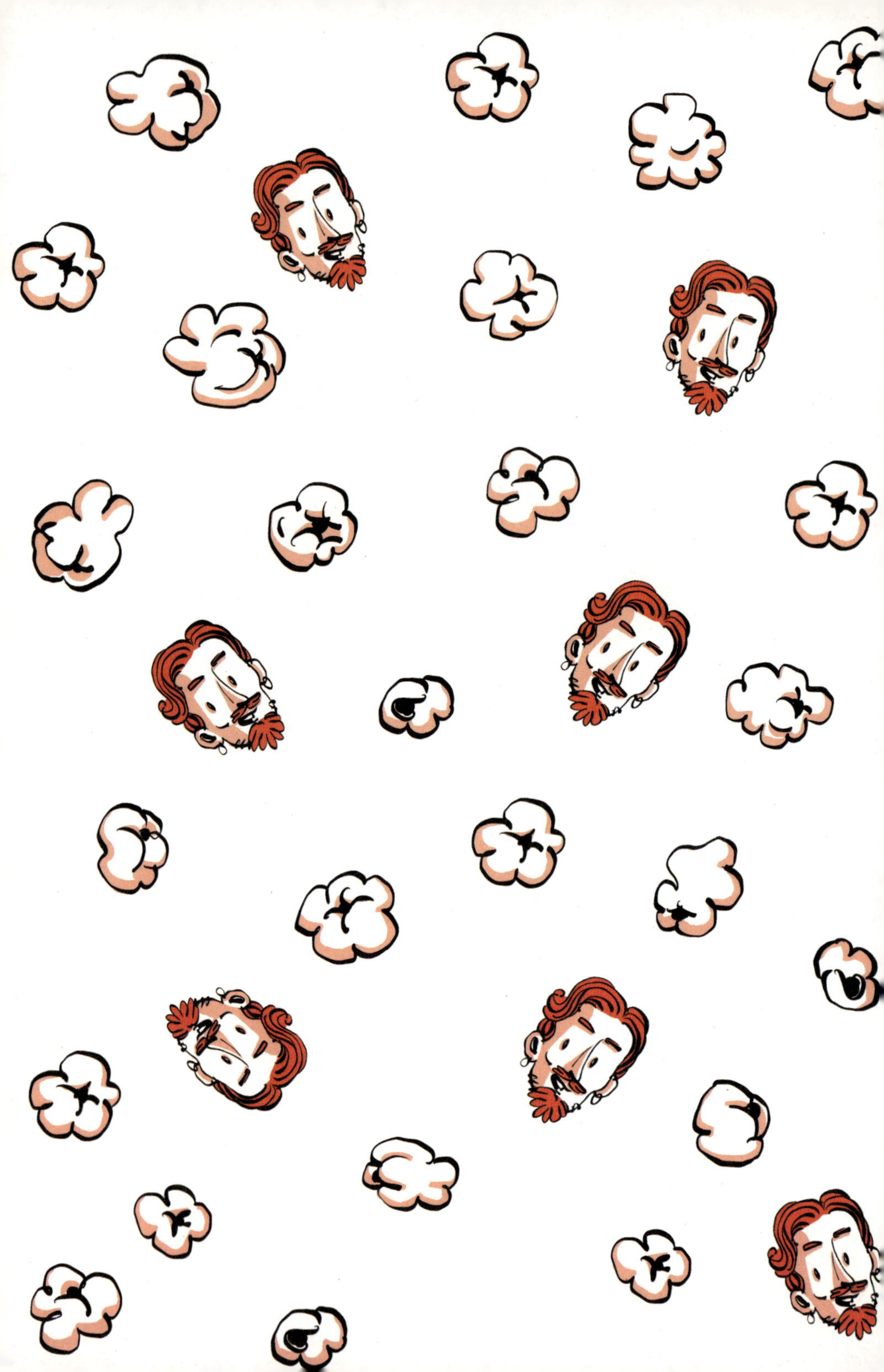

思想的主宰：
走向胜利还是毁灭？

两位向末日火山进发的哲学家

如果托尔金能把中土世界的命运交到"人们能想到的最不可能的生物"手中，那我为什么不能把它想成两个拯救世界的哲学家呢？

你该不会说，哲学家还没霍比特人信得过吧？不会吧？不会的，对吧？

你还记得末日火山脚下，那两个筋疲力尽的霍比特人吗？他们想走到火山口，把魔戒扔下去。

嗯，如果你靠近点儿看，会发现他们和记忆中的有些不一样。

一个留着浓密的络腮胡，另一个则蓄着小胡子，说话带有明显的法国口音。他们不是佛罗多·巴金斯和山姆卫斯·詹吉，而是尼采与柏格森，他俩现在都是来自夏尔的霍比特人（但也还是如假包换的哲学家），计划打败索伦。

一路上，他们一直垂头丧气，因为他们知道一切终将消亡。

不是因为人终有一死（这所有人都懂），而是历史本身就代表着衰落和失去。

尽管如此，这两位霍比特哲学家也无所畏惧，不曾气馁，继续执行任务。每当老大尼采失足摔倒在地时，"山姆卫斯"·柏格森便会拉起他，拖着他继续往前走。而即便肩上的担子变得越来越重，尼采仍会直视前方，继续艰难前行。

《指环王》《霍比特人》《精灵宝钻》,还有托尔金数以百计的短篇小说,都极大程度地反映了对历史的思考。我之所以说"历史",是为了把它和"故事"区分开。**历史才不是独立故事的集合,它的含义可深刻多了。历史是宇宙的发展历程,它包含过去、现在以及未来。**

历史就是世界的命运。

为了寻找历史的意义，哲学家一直在研究各种各样的问题：历史有没有意义？它是不是像每次掷骰子都会掷出不同数字一样随机发生的偶然事件？有没有可能历史本身就意义深远，本身就连贯流畅？还是说它只是人类用来自欺欺人，为自己生来毫无意义开脱的幻想？

没错，这个问题非常关键：如果历史本身有意义，那就说明在一定程度上，你我都是宇宙中不可或缺的存在。

如果历史有意义，那你我的生命便也有了含义。我们的选择并非偶然又毫无缘由，我们不是受害者，而是历史发展中的重要一环。哲学和科学就将带领我们寻找这个意义。

总之，如果历史有意义，那我们就能不断探究，最终解开宇宙的奥秘！

> 这太棒了，你觉得呢？

当然，哲学也会因此陷入麻烦。它把历史视为环环相扣的计划，公设存在某种"智慧蓝图"能指引宇宙朝精准的方向运动，就好像每一次选择、每一个岔路口、每一种可能性都是由超物质的思想决定的一样。但是，我们马上就会谈到，这和假设存在上帝——一个统治世界的大胡子男人，其实没多大关系。

尽管如此，托尔金笔下的世界阿尔达起源于"埃努的大乐章"，而埃努又是阿尔达的神，所以说，还是托尔金创造了他的神。

这一点非常重要，因为音乐是有意义的语言，无论什么旋律，古典、摇滚、朋克或者流行，都有一个主导动机。所谓的主导动机，其实就是这首歌的意义，是它奠定了曲调的基本走向，使旋律连贯顺畅，具有辨识度。

所以在托尔金的神话中，音乐创造了世界，这本身就体现出历史具有明确意义的观念。而这种意义，我们接下来就会谈到，其实就是衰落。

胜利还是失败？

现在呢，就让我们的英雄，尼采和柏格森两位大师先待在末日火山山脚，别往上爬了，因为他们在这里遇到的问题非常复杂棘手：如果我们假设历史有意义，那这种意义的发展方向是什么？**詹巴蒂斯塔·维科认为：历史按照神意演化发展。**

维科认为，历史不是随机排列组合的离散事件，而是按照人类不知道的规划，一直向前发展，而人类就是其中真正的受益者。

他发现，对于历史，我们既不能像马基雅维利和霍布斯那样，用偶然现象去解释，也不能像斯宾诺莎那样，用天命去阐述。

在维科看来，历史将持续发展并不断前进，最后必然会达到一个秩序井然的阶段，即人类文明。

维科将历史的进程分为以下阶段：

1）**神的时代**：在这个时代，人类受困于原始、基础的生活问题，他们的处理方法也同样原始。比如，人类害怕闪电，为了给自己开脱，他们就找了个借口，说闪电代表宙斯生气了，要不然才不会害怕呢。

2）**英雄时代**：这是力量、幻想和暴力的时代。在这个时代中，人们仍未彻底开化，但已在部族或国家内部建立了秩序，也因此将全部的侵略野心都释放到了外部，以战争的形式发泄出来，并将其引导到宗教和诗意的幻想中。

3）**人的时代**：也被称为"理性得到充分体现"的时代。在这个时代，人们不再沉迷于幻想，而更倾向于探寻理智；比起发动战争，更喜欢追求合作；比起信仰宗教，更多人选择崇尚科学。

在维科看来，这种积极的历史观源于一种力量，他称之为"天意"，是一种在历史发展过程中显现的，并且在人类文明中得以实现的神学上的安排。

> **神学**：神学思想认为，宇宙的结局早已注定，万物的发展仿佛早已被计划好，都遵循着神圣的或自然的能动准则。

维科吧，就想弄明白这个意义到底是什么。如果说伽利略在自然中发现了"数学家上帝"，那**维科则在历史中发现了"天意的上帝"**。上帝赋予历史意义，并在其理性且必然的发展过程中得以体现。

总之，历史的意义在胜利、理性、民主、科学中得以体现。

听到这些话，霍比特人尼采可能胡子都气得翘起来了。

维科怎么就觉得，历史是以世界的理性化为终点的进步历程呢？单想到这一点，就已经够荒谬了。

"维科，你清醒点儿！没有什么英雄，也不存在超能力！人性焕发出的神圣火花每一天都会微弱一点儿！我们完了！"尼采在末日火山大喊。

在他看来，是理性本身偏离了历史固有的发展方向，最终使其崩溃瓦解。作词赋诗的能力被冰冷的数学计算取代；英雄凯旋的斗志被神父和科学家毫无感情的说教一扫而光；征服者的骁勇力量在精神贫瘠者的软弱面前溃不成军。所有这一切，都预示着历史会不可避免地走向衰败。

世界分崩离析，我们只有依靠勇敢无畏、天赋异禀的人去阻止这种缓慢的衰落。不过，他得先从人变成超人，只有这样，才能避免……

> ……让我们成为囚犯。

托尔金一定非常赞同霍比特人尼采的观点，因为在他的笔下，人们很容易被一种感觉引导，即历史逐步走向失去，曾遍布世界的神性火花渐渐微弱，直至熄灭。

在由小说改编的电影中，当埃尔隆德（最重要的精灵国王之一）承认"我的子民正在放弃这片海岸……人类也脆弱不堪，正在渐渐消亡"时，他十分难过、忧愁。

邪恶与衰落似乎占了上风，上帝最重视、最钟爱的民族——精灵族的力量也因此从世界上慢慢消失。

但是，如果我们再进一步思考，读一读《精灵宝钻》的内容，就会发现世界和神灵、中土和埃努，都在历史的发展中相互疏远了。精灵、人类、霍比特人还有其他阿尔达民族，都因贪婪、暴力、傲慢与罪过迫使神灵离开了他们。因为他们的精神已经腐烂污浊、无药可救，注定走向毁灭。

总的来讲，这种疏远并不能归咎于不幸，它其实是历史进程的本质特征：

> **事情总会无可避免地朝坏处发展。**

    托尔金认为,荣耀时刻就是万物开始的那一瞬间:埃努的大乐章就意味着历史已经达到了巅峰,在后来缓慢发展的过程中,旋律及其动机渐渐消散、粉碎、淡化,一步步削弱了个体与神灵之间的联系。

    在原本统一、非凡的音乐中,出现了一些不协调的旋律。这些旋律渐渐削弱了它原有的力量,直到人们再也无法辨识出它的主导动机,直到一切都变得暗淡无光。

    因此,精灵国也好,人类也罢,在索伦面前都不堪一击。这并非因为黑暗之神有多么强大,而是因为在中土世界,人们内心的英雄主义火焰早已熄灭,也不再能意识到自己其实或多或少还留有部分神性。

    在这个过程中,没有发展进步,没有凯旋,只有懒惰,它使世界瓦解,变得更加黑暗,最后灰飞烟灭。

    对托尔金和尼采来说,历史的意义显而易见,那就是走向毁灭。

总之，所有的一切都注定消亡。黑暗将吞噬光明，火焰会燃成灰烬，甚至在从灰港起航、永远离开中土之后，精灵也会死亡。

"巫师"黑格尔为你打气

但是既然到了这个地步，所有的一切都注定瓦解毁灭，那何必大费周章毁掉魔戒呢？

既然历史注定走向衰败，那尼采和柏格森为什么还要历尽千辛万苦，跨过万水千山，只为完成一个毫无意义的任务呢？

你肯定也不愿意辛辛苦苦穿越整个中土世界，毁掉魔戒后才发现一切都白干了吧！

这时我们的救星，大名鼎鼎的黑格尔来了，他和甘道夫惊人地相似，**当然，胡子除外**……**看来他不喜欢那些赶时髦的人。**

"霍比特人"尼采在离开夏尔郡前就知道，自己的任务几乎不可能完成，可以说是注定失败。他说："真希望我从来没有得到过这戒指，真希望这一切都没有发生。"

"甘道夫"黑格尔委婉地劝他："我们只能决定在有限的时间里自己能做些什么。佛罗多，这个世界上除了邪恶，还有许多其他力量。比尔博注定会找到魔戒，你也注定会得到魔戒。你如果这样想，就会极受鼓舞。"

这位伟大巫师想说的是，我们不能评判历史，只能接受它赐予的一切。我们就像微不足道但又不可或缺的小人物，在一出宏大得超乎我们想象的戏剧中扮演着各自的角色。

> 黑格尔认为，我们都是历史的参与者。

黑格尔把历史视为一出戏剧，**绝对精神**在其中得以体现。这位哲学巫师提出的观点和别人可不一样，他认为，绝对精神在现实世界中得以自我创造，并在历史发展中得以呈现。

> **绝对精神**：黑格尔认为，当自我意识完全认识到了自身的无限性，就会发展为绝对精神。我们可以说，当宇宙自身与世间万物都拥有自我意识时，历史才会走向终点。

抱歉！ 我知道你们看到这些头都大了，我现在就好好解释一下（而且，我们讨论的可是巫师，众所周知，虽然他们总能一语中的，却不爱好好说话）。

黑格尔认为，托尔金和尼采的悲观主义毫无意义，因为历史长河中的任何一个人都没办法了解历史的全貌，所以也没法证实历史正在走向衰亡。

托尔金和尼采认为，我们中的每一个人都只从个体的角度看待世界，相比宇宙的发展运动，我们的认识就局限了许多，一眼就能望到头，而且还有些滑稽可笑。这就像是我胃里面的消化酶觉得自己是个卑微的小角色，于是干脆就说整个身体都没多大用，而且肯定会衰亡（虽然说得有点儿道理，但也不能说明消化酶就完全了解身体里的"我"究竟是谁）。

黑格尔认为，绝对精神在历史中得以体现，它注定会自我实现，其内部不断发展的积极性和消极性也是其自我实现的必要因素。因此，"霍比特人"尼采在运送戒指的过程中还是饱受煎熬，认为这项任务注定失败，就像黑塔里的索伦，坚信自己能使邪恶蔓延至整个中土世界。但这仍然不能否认绝对精神是历史的真正主体，历史的自我实现就像绝对精神的自我实现一样无法避免。

　　总之，**在绝对精神中，谁也不能获胜**，谁也无法真正占据上风。因为每个人、每种经历、每个故事、每次失败、每个英雄和每个反派的存在，都只是绝对精神得以体现的众多方式之一。而

这也只是昙花一现，注定会在绝对精神永恒的自我实现中，在不可遏止的历史发展中被吞噬耗尽。

所有人，从佛罗多到索伦，从梅尔克到索林，再从喷火龙到海盗，都在世界舞台上跑着龙套。正是在这些转瞬即逝的过程中，绝对精神得以体现。

所以，佛罗多/尼采才会觉得，拥有魔戒是一件令人受到鼓舞的事。谁也想不到，法力无边的魔戒居然在我们最不可能想到的生物手上，**就像我们可能永远无法弄明白历史会朝什么方向发展。毕竟我们并不是历史发展过程中真正的主角……**

> ……绝对精神和它的自我实现才是!

这个观点促使我们寻找自己在这出精彩纷呈的世界大戏中的位置。我们好比渺小但又举足轻重的棋子,只能以最完美的方式扮演好历史赋予我们的角色。

黑格尔将维科的乐观主义发挥到了极致,他不仅肯定历史会持续以不可阻挡的方式发展进步(虽然有时,绝对精神的发展在我们眼中并不是一种进步),而且我们每个人的任务就是扮演好历史赋予的角色,懂得不管发生什么事,无论是好是坏,我们都将消逝在历史长河中,与它融为一体,以促成它的自我实现。

《真探》中的悲观主义

和你想的不一样,甘道夫的死对头**不是萨鲁曼,而是《真探》第一季的主角拉斯特·科尔。**

拉斯特·科尔是个彻头彻尾的虚无主义者。他认为,历史既不会朝好的方向发展,也不会走向衰败。原因很简单:历史根本就不存在。

人类本能地想赋予事物以意义,明确它们的发展方向,其实只是为了说服自己接受各种荒谬的现象。

叔本华有个观点和拉斯特不谋而合,他认为爱情只是大自然给予我们的慰藉，让我们的种族得以繁衍。一旦爱情的虚伪本质暴露，我们就会意识到生命毫无意义，或者除了我们想赋予它的含义之外，没有任何自身固有的内涵。

此外，叔本华和拉斯特还认为，世界上不存在命运一说，宇宙本身就没有固有含义，我们也无法得知自己为什么存在于世。所以，他们觉得维科所说的历史和黑格尔所称的绝对精神都只是错觉与幻想。一切都是宇宙中各种元素、四处游移的微粒相遇碰撞的巧合，都是不可预测且难以捉摸的偶然事件。

> 对叔本华和拉斯特而言，一切皆偶然。

因此，世上不存在**天意**，也没有什么绝对精神，生命本身就是虚妄。在拉斯特看来，我们的崩坏溃败不是命中注定，而是因为我们已经失败溃散，只是自己不愿承认而已。

我们来玩个游戏吧：你会把魔戒交给谁？

马蒂是拉斯特的搭档，**他代表着那种坚信一切都有意义的人**。他无法接受拉斯特的人生观，并且对其痛批了一番。

如果马蒂遇见了甘道夫，那他应该很开心，因为甘道夫会鼓励他抱有幻想。但此时，拉斯特很可能会给这位巫师（当然还有黑格尔）狠狠来上一拳，因为沉迷于幻想就意味着成为虚妄的奴隶，被其蒙蔽双眼，无法看清事实真相。

然而，马蒂和拉斯特看到的东西完全不同：道德、家庭、忠诚，可能还有祖国，这些对他来说根本不是幻想，而是值得为之奋斗的真理。尽管如此，马蒂还是多次背叛妻子，言行不一，"重视家庭"只是嘴上说说而已。只有当家庭给他带来便利时才会依从，这种行为模式似乎和他深信不疑的所有"幻想"大相径庭。

无论拉斯特让我们多么难以忍受，无论马蒂看起来多么"正常"，我们都不难发现，前者的行为符合他残酷可怕的价值观，而后者则与自己的信念背道而驰。这样的话，如果我们要在他俩中间选择一个人，把魔戒托付给他，你觉得应该选谁呢？

如果我们选择马蒂，那就相当于把魔戒交给博罗米尔：无论他的价值观多么坚定，无论他的意图多么高尚，他都会利用而非摧毁魔戒，因为他不惜一切代价也要实现自己的幻想。他相信只要有了魔戒，就能拯救刚铎，保卫荣耀，守护家庭，维护信仰。但最后，他很有可能被无尽的黑暗力量吞噬，亲手毁掉一切。

如果把魔戒交给拉斯特，可能一开始会显得有点儿疯狂，但我们不得不承认，尽管他非常悲观，是虚无主义的典型代表，可他还是会为了消灭世界上的邪恶力量而身体力行，在调查案件时对受害人给予同情，并谴责逃犯的罪行。

虽然他坚信一切的存在都毫无意义，但还是会倾尽全力摧毁邪恶力量，不断斗争，直到正义战胜死亡与暴力。

甘道夫应该会很乐意把戒指交给拉斯特·科尔这种人吧。毕竟拉斯特怀疑的历史正朝着未知发展，还会把邪恶力量交到我们怎么想也想不到的生物手上，比如，霍比特人、哲学家或者冷酷无情的虚无主义者！

重返末日火山

欸，我们可不能把尼采·"巴金斯"和"山姆卫斯"·柏格森扔在末日火山脚下撒手不管！我们还得回去和他们会合呢。

和托尔金一样，这两个小矮人都认为历史是一条漫长的衰亡之路。最初的神性火花正在一点点熄灭，精灵们离开了中土世界，英雄主义和能量不断消散，创造出的音乐渐渐消逝，光明逐渐让位于越来越浓的黑暗。总之，这真是个"精彩绝伦"的世界啊！

但是，和巫师黑格尔不同，尼采和柏格森认为个体就像舞台上的演员参演伟大戏剧一样，顺应着历史的发展进程。

我们不用诠释这部世界性的剧本，不光如此，就算一开始我们就意识到自己注定失败，也**必须倾尽全力对抗"历史"的衰败。事实上**，柏格森认为，**存在本身就是一种生命冲力，我们用这种冲动来反抗宇宙必然的无序状态。**

从宇宙诞生的那一刻起，也就是我们称之为宇宙大爆炸的时刻（尽管在柏格森那个时代，还没人提出宇宙大爆炸理论），能量就像托尔金小说中众神的音乐一样，持续分崩瓦解，不断消散衰退。在柏格森看来，这全都无法避免，最终还是无序战胜了一切。宇宙就像弹簧玩具，在首次弹起前势能处于最大值，而在启动开

关、弹起一次后，能量就会无可避免地消散。但它还会继续弹动，直到初始能量消耗殆尽。宇宙就像一团逐渐熄灭的火焰，最开始炽热无比，而今却日渐冷却。

但在这种不可逆转的机械运动面前，生命仍然能够逆流而上。

如果仔细想一想，你会发现生命就像是弹簧玩具的反向机械运动：每一个生物都千方百计地在体内积累生存所需的重要能量，好让自己活下去。

就算宇宙及其周围的一切事物都趋向消亡,生命也从不屈服,它会拼尽全力使内心的火苗继续燃烧。

由此,柏格森认为,生命是反抗无序的运动,维持生命就意味着得与"历史"发展背道而驰。

这位"霍比特人"哲学家可没异想天开,他很清楚这是一项不可能完成的任务。**可尽管如此,生命却仍如此璀璨美好,所以我们不能轻易屈服,更不能任由混乱与无序肆意蔓延,我们要一直抗争下去,在历史上留下自己的足迹,将衰败推迟一秒又一秒,让自己能活得再久一点儿,以品味世上最后一滴美酒的甘甜。**

不知道你是否和拉斯特·科尔一样,认为这是毫无意义的蠢话,但在柏格森看来,这却是对我们活着的原因的最佳解释:如果只从历史必然走向衰败这个角度来思考问题,生命才毫无意义。

> 柏格森认为,生命毫无意义且不可理喻,却充满无限惊喜。

这个观点促使尼采·"巴金斯"坚信,就算象征着邪恶、混沌和死亡的索伦终将取得胜利,自己也得拼尽全力,把魔戒扔进末日火山的山口里。

我们无法抑制也无法战胜使世界慢慢衰败的力量。拉斯特理想中的解决方式，也许是尽可能悄无声息地投降屈服，听天由命，走向消亡。

但人类可不是完全理智的物种，有时候甚至可以说毫无理智。当我们周围的整个世界正在瓦解，我们仍沉迷于游戏；当我们意识到世界毫无存在的意义，我们却想翩翩起舞；甚至当我们知道一切都是虚妄，我们仍继续发展自己的文明，继续征服，继续发现，继续爱，继续纵情取乐。

从这个角度上讲，我们就是一群白痴。正因为这种不可理喻的愚蠢，尼采才会把魔戒扔进末日火山。

你仔细瞧瞧，当尼采在深谷边缘被咕噜袭击时，他们就像在深渊边缘摇摇晃晃地跳着舞一样，命悬一线，岌岌可危。与此同时，"山姆卫斯"·柏格森正在祈祷魔戒落下去，祈祷尼采·"巴金斯"得救，祈祷中土世界再次渡过难关，再多存在片刻。可这段时间与无穷的历史相比，只是须臾一瞬罢了。

但守护中土世界的不是历史自身，而是它的居民，所以他们才会竭尽全力，反抗混沌无序，反抗恶势力，阻止世界的衰落，奋战到最后一刻。

归根结底，历史的发展方向是什么已经不重要了。

无论是像叔本华那样认为这毫无意义，还是像维科和黑格尔那般坚持这是一个早已内定结局的游戏，意识到我们都是这个游戏的参与者，明白我们在这个游戏中成为什么，这些才是最重要的。

就算是最冷酷无情的虚无主义者，面对无垠星空也会感叹："起初，黑暗笼罩一切，而今，光明取得胜利。"

就像拉斯特·科尔在任务结束时做的那样。

漫画和爆米花 —— 丹尼尔·库埃罗如是说

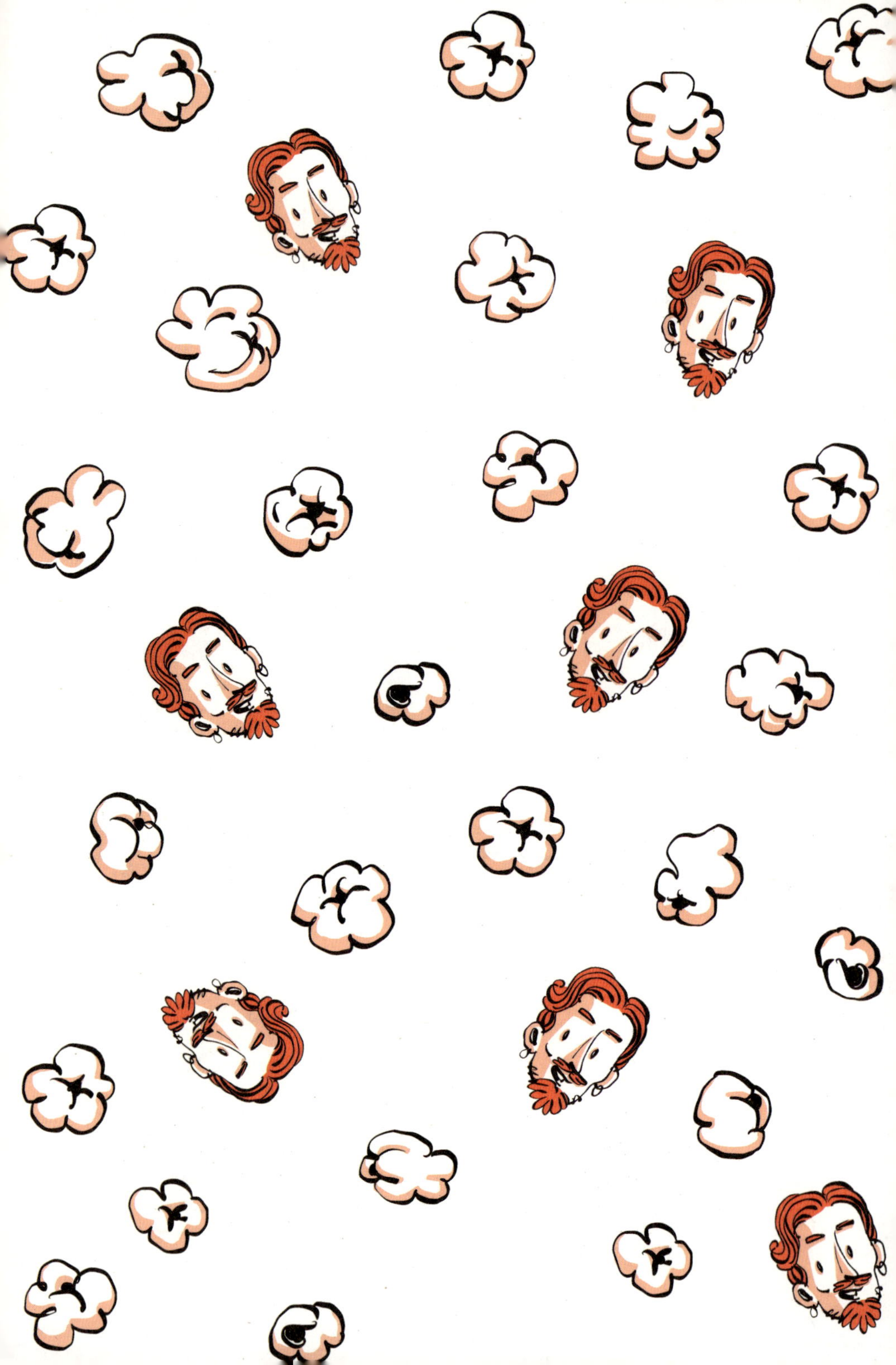

第四章

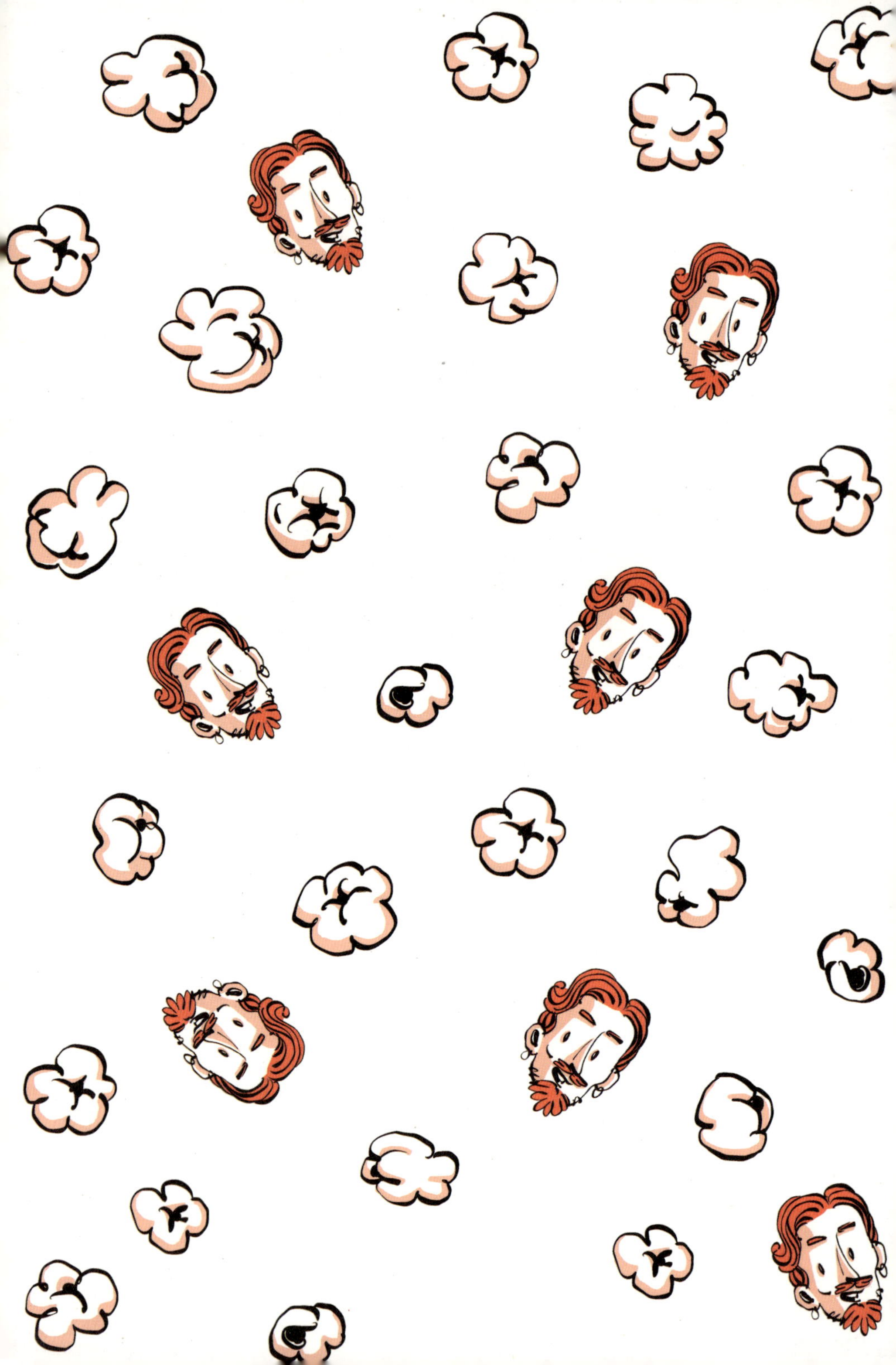

与其说科技是我的朋友，不如说……

《黑镜》中的唯物主义

下面我们来讲讲**费尔巴哈**，他是19世纪唯物主义的代表人物。我敢说，如果他看见你在公交车上玩手机，一定会发疯般大吼大叫。

你仔细想啊，近一个世纪科技腾飞，这其实是人类发展过程中史无前例的壮举。在科技推动下，第一次由年轻人教老年人怎么使用日常生活所需的基本工具：电脑、网络……没错，还有游戏机。

可是也别忘了，总有些扫兴的哲学家爱去思考这种现象是好还是坏，以及可能会带来什么结果。

但是吧，如果说哲学家总能毁掉你玩《堡垒之夜》的兴致，**那电视剧还能做得比他们更过分。**

说到这儿，我们就得再提一提《黑镜》了，因为它反映的就是科技对人们日常生活造成的无法挽回的危害。

你很难再找到一部比它承载更多负能量的电视剧了，因为这部剧每一集都在不留情面地告诉你，让科技掌控我们的生活是个多么糟糕的主意。

的确，科技在许多方面改进了我们的生活，但是，我们也应该权衡利弊，想想如果完全依赖科技，会损失多少东西。

如果人类确实是科技的附庸，那么：

> 科技又怎么会是人类的发明呢？

面对电脑时的羞耻感

哲学家**京特·安德斯**认为，科技早晚会超过人类，如今他的说法应验了。或许，他也会是《黑镜》的忠实粉丝吧。

如果说科技是为了减少我们生活中的不完美而存在，那我

们也未免太一无是处了,而我们又几乎把每一件事都交到了科技手上!

一开始我们把复杂的运算交给了机器,后来就连和在隔壁房间里的姐姐说话都要打电话(我们才懒得走过去呢),之后,连什么时候去洗澡都需要备忘闹铃提醒。真神奇啊,对吧?

因为记性不太好,所以我们把所有东西都记在电子备忘录上,从亲朋好友的电话号码到各种各样的待办杂事,甚至还有回家的路线。仿佛电脑、微型芯片、处理器和人工智能,都是为了使我们身体机能**退化**才存在似的。

我们计算能力有限,于是就用科学计算机处理复杂难题。后来,我们发现计算机简直太方便了,所以把掰掰手指头就能得出结果的运

算也交给了它。

甚至，我们还会下载各种交友软件，让算法为自己匹配出最称心如意的伴侣。这样的例子还有很多，在这条道路上我们越走越远，因为觉得自己能力有限，于是便把生活交给机器。

这就是京特·安德斯担心的事，他把这种困窘不安称为"普罗米修斯的羞愧"。

你知道普罗米修斯吗？我们迅速重温一下：众神让普罗米修斯（希腊语意为"先知者"）和兄弟埃庇米修斯（希腊语意为"后知者"）向凡间众生分配生存所需的能力。

但埃庇米修斯吧，有点儿蠢，他随心所欲地分配这些能力，什么都没给人类剩下（如果他用了谷歌或者"Excel"的话，可能结果就不一样了）。

老虎有獠牙利爪，大象有庞大身躯，可以踩扁很多东西，连蚊子都能用口器折磨人。而我们人类呢？要啥啥没有。

来，看看你自己吧：既没有獠牙，也没有利爪；既没有甲壳，身形也很普通……我们的原始构造就是如此，单单是以这副模样出现，就足够搞笑的了。

但埃庇米修斯意识到自己犯了错时，只是耸了耸肩膀，完全不以为意。这惹怒了普罗米修斯，他决定趁众神熟睡时偷盗火种，送给人类。

这火种便是智慧之火，也是技能（τέχνη）之火，字面意思为"动手能力"，简单地说，就是"技能"。

传说，这就是我们不愿赤裸身躯四处走动，懂得穿上衣服、穿上盔甲来保护自己的原因。也由此，我们建屋造舍、冶炼兵器、发明工具以改造自然、利用自然，从中得益。到目前为止，甚至连悲观主义者安德斯都表示，没什么不对。

但没多久，令人担忧的事发生了。慢慢地，我们的生产技术越来越精进、纯熟。服装取代了烂布，拖拉机代替了犁耙，能精准打击的炮弹取代了长矛，电脑代替了算盘……我们的发明开始无限优于我们本身具有的能力。

可以说，在某些时刻，创造物开始变得比创造者还优秀……

> ……而面对它们的神通广大，创造者自愧不如。

根据摩尔定律，我们发明的小玩意儿，数量每年都在成倍增长。

尽管这个说法听起来可能有点儿唬人，但从1965年开始，事实的确如此。

在1995年，如果要让早期计算机达到如今PS3（第三代索尼游戏机）的运算能力，那它的体积大概得和网球场差不多大，而且大约要耗资五千万美元。可是还不到二十年，它的性能就发展到和PS3一模一样了！科技的发展速度，要比人类进化的速度，甚至比我们做决定的速度都快。你想想吧，假如我们的大脑发挥出所有的潜能（别做梦了），那么每立方厘米的脑脊髓灰质就会出现四十兆脉冲，也就是四十个浮点数。如果摩尔定律仍然成立，那么在2030年之前，信息工业就能使电脑运算达到千兆个浮点数，也就是十亿兆浮点运算。

就算我们的大脑再进化几百万年，也无法达到这种水平啊！

总之，电脑不仅可以替我们做决定，还能用人类难以理解的逻辑关系操纵我们的生活。

于是，自卑主导了我们的情绪，让我们像普罗米修斯那样产生了羞愧感。

我的全部历史

《黑镜》第一季第三集就提到了这个概念。

利亚姆是一位年轻律师，和世上所有人一样，他在脑内植入了"记忆粒"，使其直接和大脑神经连接，以此随时重现自己看见的、听见的或者做过的所有事。

在这种情况下，人们就能以第一人称的视角重新体验一天中的高光时刻。你想再听一次午餐时同事给你讲的笑话吗？那就按下倒放键吧，这样你就可以回味过去，什么都不会错过。

你想再听听在公交车上偶然听到的歌，却不知道歌名？那你可以倒带播放记忆，直到再次记起这首歌的旋律。或者，你想回味初吻？这样的例子还有挺多。

如果真的存在这种技术，估计所有人都想拥有吧……毕竟，如果忘记车钥匙放在哪儿了，马上就能找到！

虽然人人都想拥有这种能力，但是吧，就像这集电视剧告诉我们的那样，依赖"记忆粒"会带来灾难性后果。

实际上，利亚姆和他妻子亲密接触时的方式特别奇怪：他们做爱时，眼前回放的是之前翻云覆雨的场景。

这就像脱离当下、活在永恒过去中一样，人们常觉得自己印象中的事远比此刻完美，所以更想回到过去。究竟是什么让主角做出了如此荒唐的行为？

我们立足于过去的经验，常对现在抱有期望，又担心事实与自己的期望不符，这种常见的心理因素便是驱使利亚姆这么做的原因。

当你发现你心心念念的某件事其实不过尔尔的时候,你会失望吗?

没事儿,"记忆粒"可不会让你的希望落空。它可以美化你的记忆,让你在当下体验到事情如果完美发生会是什么样。只不过你并不能亲身经历,因为一切早已过去。

此外,还有一个更令人头大的问题:将以前说过的、听过的话,还有经历的事记得一清二楚,会让你无法客观认清现实。

想想那些你许下的或是别人对你许下的愚蠢承诺吧。人们一时兴起,其实压根儿就没把它当回事,自然也不会让它实现。

我们时常会忘记,为什么我们当时会非常看重许下的或者听到的承诺。如果我们记得所有诺言,这对我们来说就会像个噩梦:在许下承诺前,我们得三思再三思,这甚至有可能毁掉我们的沟通能力。

我们之所以会忘记,是为了能把美好的瞬间记得更牢固。我们只会记得最重要且最有意义的承诺、言语和动作(虽然有时这些也记不住),至于那些轻描淡写、转身就忘的话和事就随它去吧,反正也不值得费心去记。

但利亚姆在"记忆粒"的帮助下,反复琢磨别人曾经轻描淡写说过的话,回想别人不经意间的眼神,并且对这些充满怀疑。他沉迷于过去,活在完美的虚拟记忆中,最终毁掉了自己当下的现实生活。

这就是京特·安德斯想说的:当我们将生活甚至将内心隐秘的部分也交给科技时,那我们就会像普罗米修斯那样耻于自我,成为完美记忆的奴隶,附庸于本就不属于我们的东西。

> 人无法完美，
> 但科技可不想这样！

工艺品还是手艺人？

安德斯的大学导师马丁·海德格尔，一个不折不扣的悲观主义者，将为我们解释他的看法。

海德格尔认为科技和人类从未分离，甚至可以说，科技就是人类的一部分。

科技对人类来说不只是工具。除了可以便利人们的日常生活之外，科技还让人类有机会揭示世界的本质。

人类是地球上唯一有能力探究事物本质的生物。其实，一切表象之下，都隐藏着无法定义且难以捉摸的"本质"。

这个概念并不抽象，甚至还是一切存在于我们周围，但从未被发现的事物形而上学的根源。

可能有时你会觉得事物不像你看见的那般简单：树不只是一棵树，它还对你以及周围环境有重大意义。就像你活着不仅仅为了生存，还为了追求某种内在的东西，一些人称其为灵魂，另一些人则称之为思想。

在海德格尔看来，这种感觉并非幻想，它能促使人类去探索每一个物体、每一个人、每一件事的"本质"。无论人类再怎么想成为唯物主义者、把一切具体化，无论他们再怎么评判表象，他们仍然始终想知道事物的本质是什么。

伟大的海德格尔认为，科技是人类探索"存在"的一种方式。人类不选择科技，就有点儿像说母狮选择不捕猎一样荒唐。大部分母狮最终都会狩猎……

……人类也在很大程度上科技化了。

形而上学：任何试图只用逻辑推导和思想论证来解释世界本源，不进行经验分析的哲学观点都属于形而上学。

手艺人制作工艺品，其实就是在原材料中看出工艺品本身的形态，再把它提取出来，展示在人们眼前。手艺人在这个过程中揭示了工艺品的本质。就像米开朗琪罗说的那样，他只是剔除了多余的大理石，雕刻出本就存在于其中的大卫。

这可能不太好懂，你毕竟不是工匠，没有亲手创造过什么艺术品，但很多艺术家都认为，他们的工作只是从原料中提取出本就存在的艺术品：画家把它绘在画布上、雕刻家将其体现在雕塑上、音乐家将其谱在交响乐中……正是因此，海德格尔认为科技不是工具，也不是为了达到某个目的的途径，而是人类追求完美、探寻事物本质的形式。

但现在，事情发生了变化，科技不再是通过发明物探寻本质的形式，而成了人类挑衅自然，从中汲取能量，并对其施以统治的方式。

如今，我们利用水能、风能和核能，构建交通运输或者信息传播那样的科技体系。这不再是为了揭示世界的本质，而是为了巩固我们对世界的统治。因此，人类周围不再环绕着发明（创造的事物），而是技术（掌控的方法），而且他们还漏掉了最重要的一点：

> 揭示"存在"与"本质"。

海德格尔认为，这是一种特殊的异化现象。木匠如果打算用木桩做出一个板凳，他就很清楚应该用什么材料、什么方法，要达到什么目的，他也知道这个板凳的本质是什么。但你却不知道手机究竟是什么（或许，你连为啥要看这本书都不知道）。你了解你的手机吗？可能只了解一点点，或者连一点点都没有吧。

你或许说得出一两种零件的名称，却不了解组装的技术以及手机的每项功能。所以，**你并没有拥有手机，而是手机拥有了你。**

如果人类的发明开始操纵人类，那么世界便会反转颠倒，进入反乌托邦社会。

电子梦：亚马逊里的亚马逊

反乌托邦的表现形式可不止一种。

比如，我们控制智能与电子能源，以发明人工智能，但同时也承担着从控制者变为被控制者的风险。

在由天才菲利普·K.迪克的小说改编的电视剧《电子梦》中，《自动工厂》这一集就讲述了类似的故事。起初，人类创造人工智能只是为了方便物流、商贸、交易的系统管理，最终却沦为了它的奴隶。

亚马逊就是这样，只不过它是由一个超级复杂的算法控制，并且完全自动化管理的电商公司。事实上，我们的生活也离自动化不远了！有趣的是，《电子梦》正是由亚马逊发行制作的，它可能想告诉我们："嘿，朋友，注意了啊，我要变身了！"

> 亚马逊是精神力和执行力的结合！

正如安德斯所说，人类意识到了机器的完美和自身的缺陷，于是，为了让生活更加美好，他们便把一切都托付给算法，最后自己也被异化了。

当人类妥协，让机器人做出重要决定时，后者便自然而然地接管了一切。这不是因为它们本质邪恶，而是它们也发现了，比起有缺陷的人类，自己更加完美，更有能力，更有效率，于是也认为我们理应把一切交给它们。

在《自动工厂》中，人类不再是自己的主人，世界处于崩溃边缘，算法程序到处派遣无人机来运输不再被人需要的货物。人类正在消亡，机器却一点儿都没察觉到。**我们掌握了智能科技，却失去了这个世界**。这就是海德格尔口中的异化。

更让人不安的是，我们还想把机器造得和自己一模一样。

制造机器人是我们这个时代的伟大梦想之一。面对和我们一模一样的智能实体，就好比面对着镜子里的自己，能够以此慰藉自己孤独的灵魂。但当和我们完全一样的机器人像我们一样说话、思考、产生情感，要求自己和人类拥有同等地位时，会发生什么呢？当机器人模仿人类到了以假乱真的地步时，又会发生什么呢？

（以假乱真）模仿人类

厨房里的烤面包机从来没有要求权利，冰箱也没有。我发誓，如果它们开始争取自己的权利，我会毫不犹豫地回到没有家电的原始社会。

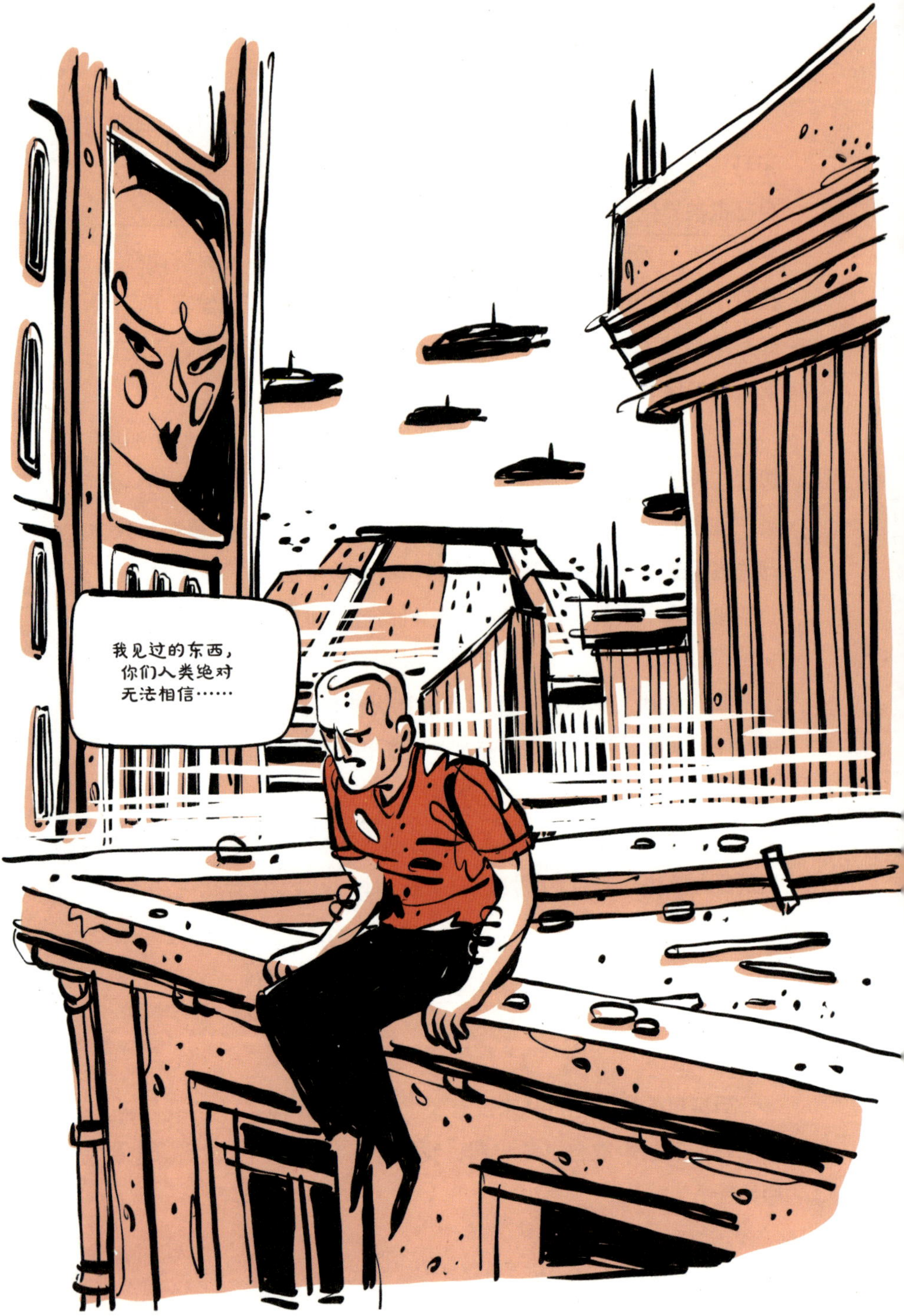
我见过的东西，你们人类绝对无法相信……

但当机器变得越发精密复杂，甚至和我自己一模一样的时候，如果它们要求和我平起平坐，那我一点儿也不会感到惊讶。

《银翼杀手》（菲利普·K.迪克另一部小说改编的不可错过的热门电影）就讲述了这样的未来世界。

这部电影中，仿生人和人类几乎一模一样，唯一的不同在于，它们的使命是为人类服务。它们被人类送去银河系的遥远角落，去做危险繁重的工作；它们参与战争，或者完成其他人类自己不愿做的事。

当其中一些仿生人忍无可忍时，问题就出现了：它们不想继续做奴隶，它们想和人类一样有尊严地活着。

在这种情况下，暴力成了唯一的解决方法。银翼杀手这样的特殊警察便因此而生，他们负责回收被认为有瑕疵的仿生人（这里的"回收"指的就是杀害，反正我看《权力的游戏》大结局的时候气得砸坏了电脑，但我也不会说我"杀掉"了电脑，对吧？）。他们认为，觉得机器人可以体会情感、希望获得权利简直是天方夜谭、可笑至极。

但假如机器人和我们像得不能再像，那我们该如何区分它们和人类呢？

到底谁是人类，谁是机器？

人们以仿生人不能像人类一样体会情感为前提设计了一种特殊测试，名为维特甘测试，和图灵测试差不多，能够检测在令人情绪波动的事件面前，被测试者的共情能力。

人们把残忍血腥的场景展示给疑似的仿生人，比如，"一列火车撞上了隧道，而车上有几百个小朋友"，同时给它连上传感器，通过监测其瞳孔是否放大、脸部毛细血管是否扩张，以及其他我们无法掩饰的表现来评估身体的即刻反应。因为就算是最玩世不恭、最冷酷无情的人，也会下意识地流露情感，而仿生人在几微秒的时间内是无法精准做出情绪反馈的。可是，不可能所有人的反应都一样，就好比每个人对悲剧的情感体验和文化理解都有所不同，人们应对情绪刺激的方式也各种各样。影片中，这项测试很容易让人和仿生人发生混淆，甚至还差点儿导致人类被"回收"掉。所以，就算维特甘测试再精确有效，也不能给我们一个确定的答案。

我们怎么能以一种完全确定、无懈可击的方式区分人和机器人呢？这可是摆在我们面前的一座大山啊。

菲利普·K.迪克的回答是：我们永远做不到。

> **图灵测试**：数学家艾伦·图灵为了检验电脑能否思考而设计的测试。如果在一系列问题后，检测者不能区分答案究竟是人类回答的还是电脑做出的，就意味着机器能够思考。

摆脱程序束缚

让-保罗·萨特认为，人和其他生物不同的地方在于，人类**被判定是自由的**。

这位哲学家说，存在先于本质。这就意味着，假如我们也由算法运作，并且体内也有一种类似于机器运转模式的程序的话，我们其实可以打破这种程序，可以按照自己的意志行动，不走寻常路。

因为我们并非（只）受到生理结构和规律的限制，我们不能选择自由，我们只是自由的奴隶。

由此可以推出，我们和机器不同，我们可以犯错，可以做出错误的预测，也可以不计后果，做出不可补救的愚蠢行为，按照程序运行的机器可不是这样。所以，我们才不会因为无法做到听天由命或者十全十美而产生耻辱感。萨特认为，**不完美，是我们最重要的品质！**

还有一种更深层次的原因导致了这种不完美。当人类面对一个有几亿种解决方案的问题时（比如，决定晚上在网飞上看什么），他们知道来不及模拟每一种解决方案，因为迟早都得去吃饭、睡觉，或者不得不抛开一切走向死亡。所以一个人面对问题时，应该首先思考哪一个才是最可行、最有保证的解决方案。总之，我们时间不多，应该抓紧每分每秒！

而机器呢，除了模拟方案，其他什么都做不了。最精密复杂的程序也不知道自己早晚会报废、会耗尽电力。因此，它们应对问题的方法就大有不同了：在检测完所有可行方案后，它们才会做出正确的选择。

是否被判定自由，以及能否意识到自己终有一死，就是精准区分人和机器的标准。但当机器摆脱了程序的束缚，意识到自己终会消失时，又会发生什么呢？

《银翼杀手》中的仿生人不仅破解了原始程序，解开了奴隶的枷锁，让自己远走高飞，还意识到自己的生命终有尽头。

这才是难以区分仿生人和人类的原因，不是肉体，也不是动脉，毕竟这俩玩意儿仿生人也有呢！

> 仿生人关于自由与死亡的意识觉醒了！

你知道真正的问题是什么吗？如果因为人类和仿生人过于相像，我不能区分出谁是谁的话，那我怎么知道正在看书的你、我的姐妹或者我最好的朋友是不是仿生人呢？如果仿生人能够近乎完美地模仿人类，那我怎么知道你们是人还是机器呢？

我唯一能做的就是感知内心的自由，它使我能够打破自身的局限，意识到自己终有一死，并且尽可能地在周围人身上寻找如此根本但又隐秘的特质。总之，我要相信的不是你们都是人类，而是你们都和我一样，会恐惧、有情感、敢爱敢恨；你们至少都和我一样，并非十全十美。这，就是共情。

当然，科技对人类而言或许是一种惩罚，但也有可能是创造与我们相似的生物的方式，我们要向它们学习，与它们和谐共生。

我们谁都不知道历史会怎样结束，但我想活得久一点儿，因为我想知道人类与科技的关系究竟会走向何处。

而且，我还得时刻提防我的电脑把我"吃掉"！

漫画和爆米花 —— 丹尼尔·库埃罗如是说

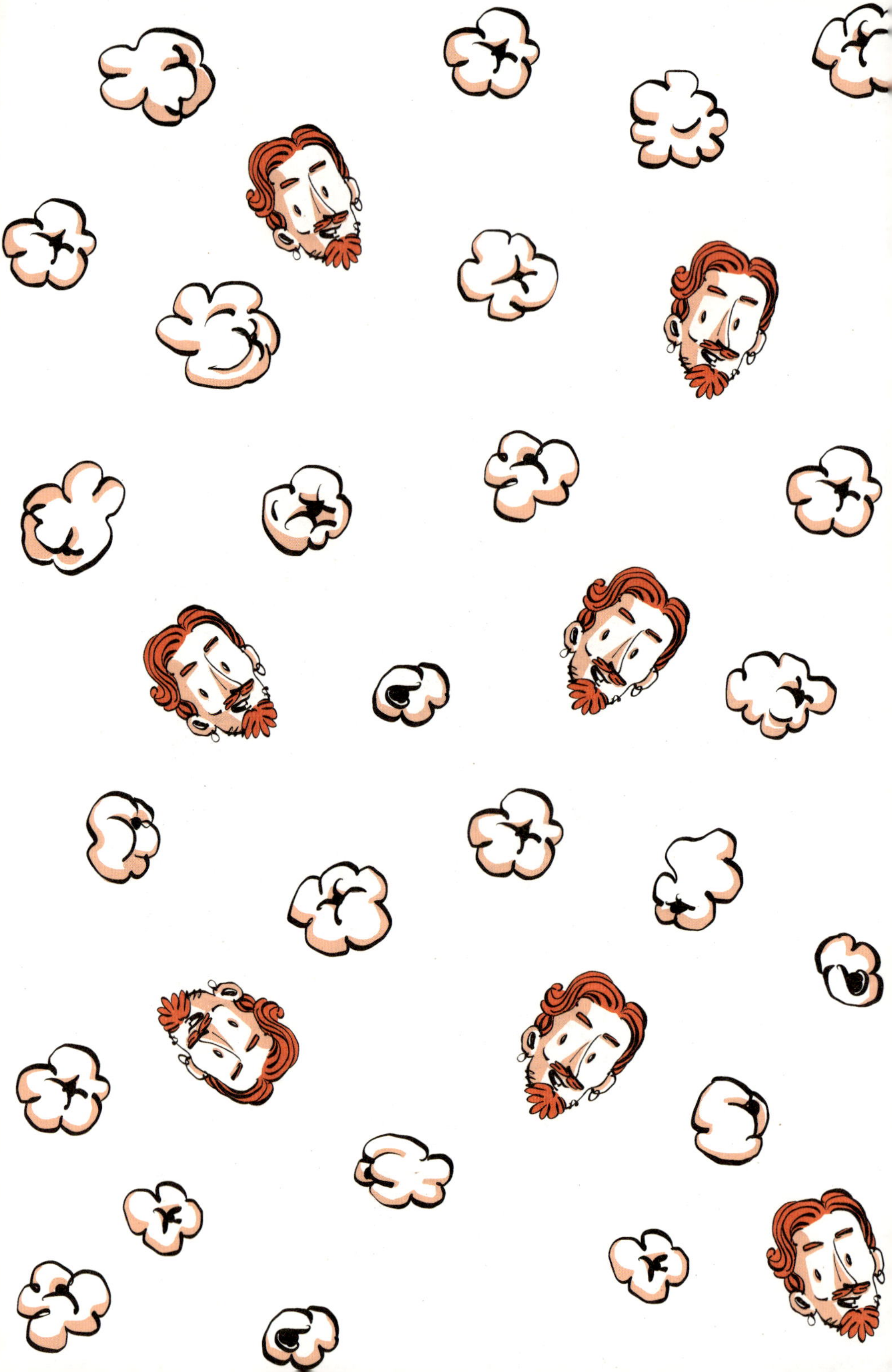

第五章

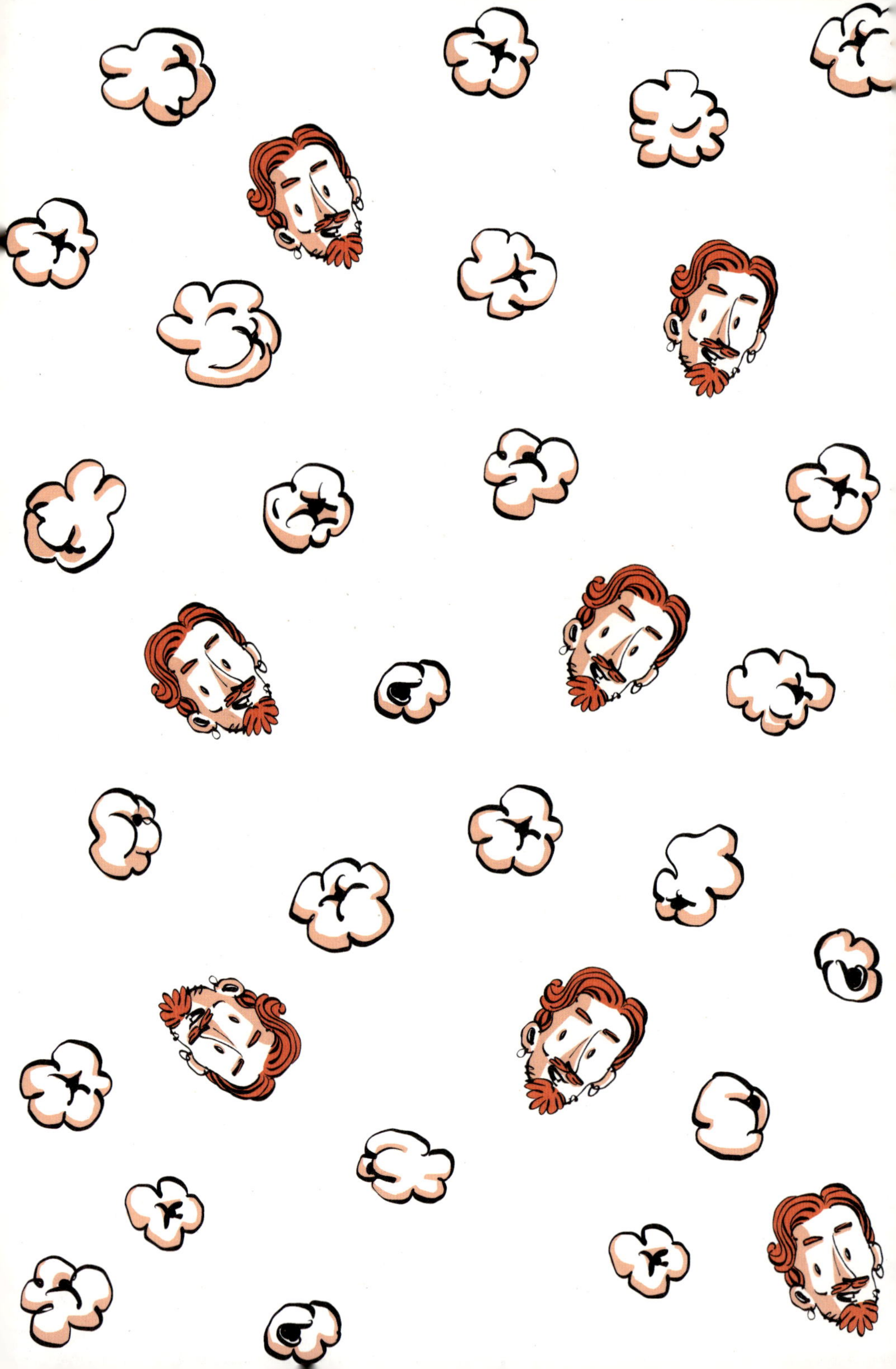

在《迷失》和《美国众神》中，摧毁上帝的盛宴

创造奇迹者与怀疑论者

洛克、卢梭和休谟在一座荒岛相遇。不久前，一架飞机坠落在这座岛上。

我知道，你以为我要讲个哲学笑话，但事实并非如此。《迷失》，这部让人又爱又恨的电视剧成功地让不少人大动肝火。

《迷失》的知名度非常高，这不仅因为它是长篇系列连续剧的第一季（2004年首播哦！总之，没有这部剧，可能就没有网飞公司），还因为它涉及许多与世界、与存在有关的理论，而且多少都有些奇怪。其中还有许多魅力无限、愚蠢不堪或荒谬可笑的人物，离奇古怪的场景，深刻的反思与一些滑稽的思想……

《迷失》里无奇不有，和哲学故事有些相像。也许是因为这一点，就算整个观剧过程里我一直想砸电视机，可还是一口气看完了整部剧。

尽管这部剧中的超自然事件数不胜数，比如，时光旅行、鬼魂和外星人，但它的主题仍然集中在人物关系上。许多经典的哲学理论通过角色得以体现，他们也用行动坚决捍卫这些思想。

然而，编剧可给我们闹了一出恶作剧：**有些角色和伟大的哲学家同名同姓，但彼此的行为和思想却截然相反。显而易见，写（对我而言）和看（对你而言）这一章，都会是个挑战。你可先得做好心理准备！**

但无论如何，我们还是要尝试一下嘛！

比如，约翰·洛克（角色）的观点和约翰·洛克（哲学家）完全不一样。

冒牌洛克（后面我们就叫他假洛克吧，这样简单一点儿，你觉得呢？）乘坐的飞机坠毁在迷失岛上，奇迹却在他身上发生了：之前假洛克是个残疾人，坠机后，他的双腿居然又能活动了！

通常只有体验过奇迹的人才清楚自己经历了超自然事件，其他人，要么是迫不得已相信，要么干脆就觉得对方是个江湖骗子。因此，对人类而言，谈论和解释奇迹从来都不是件简单的事。

说实话，如果奇迹不是自然法则无法解释的事，那又是什么呢？当事件本应沿着自然轨道向前发展，但超自然现象突然出现，**改变了命运的方向**时，奇迹便发生了。毫无征兆地从永久昏迷中苏醒；在一场对任何人来说都注定致命的车祸中毫发无伤；

出现了一本既有趣又有深度的分析电视剧情节的哲学书（夹带私货）——这些都是让人难以置信的奇迹啊！

《迷失》中的角色和现实人类一样，也被分成两类：一类相信世上有自然法则无法解释的事，坚信奇迹存在；另一类则与前者相反，笃定自然、化学、物理和数学规律不容置疑，认为根本不存在天外神力或是外星力量，没什么能够颠覆世界。

> 《迷失》中有两类人：相信奇迹的人和不信奇迹的人。

在剧中，这两类人的代表就分别是假洛克和杰克·谢帕德。

假洛克和谢林结盟

认为世上存在奇迹，这意味着什么呢？

首先，认为奇迹存在，就相当于承认了我们对世界的认识尚不完善，而且也还没有足够的工具和方法去解释并理解它。

世界上存在一种我们看不见的、无法合理推算的秩序，因此，只凭借感觉、情感和科学去认识世界是远远不够的。

其次，如果真有奇迹，那就是说在某些特殊时刻，抽象的超物质能量会干预事物的发展规律，并且改变它的表象。这就好比你裸考历史，但由于一系列荒谬到不可能简单到只是巧合的巧合，老师只考了你临时抱佛脚时看的那两页，而你居然还一字不漏地都记住了！太神奇了吧！

> 老师只考你看过的内容，这就是奇迹。

假洛克代表的其实是哲学家弗里德里希·威廉姆·约瑟夫·谢林，而真正的约翰·洛克却完全不这么想。《迷失》编剧的鬼点子可真多啊！

谢林认为，**自然**其实并不指我们肉眼可见、双手可触，或是用显微镜和望远镜就能观察到的世界。自然法则与自然现象、生机与灾难、事件与空间，都是无意识精神的产物。这种无意识精神遍布世界每个角落。

在谢林看来，自然产生于"纯粹运动"，体现在我们看到的事物以及人生的经历中，但又不局限于此。

在谢林的思想中，我们最需要弄明白的基础内容是无意识精神,也就是纯粹运动,又被称为绝对精神(你还记得黑格尔和甘道夫那章吗?),这是以自然本身完成自我认知为目标的目的论,有着非常明确的计划。

讲得更清楚点儿,谢林认为自然必定会实现自我认知,而且我们所有人共同承担着这份使命,都是实现这个目标的一分子。

自然:当哲学家说到"自然"时,他们指的不是你在国家地理频道中看见的自然,而是过去、现在、未来一切存在事物的总和以及使它们运转起来的力量。

根据这个观点,通过研究客观事物与自然规律(物理、化学、生物等),我们并不能理解世界。只有研究主观意识,我们才能明白一切事物存在的原因。谢林把这种观点称为"先验哲学"或"理想的实在论"。也就是说,只有通过有效的自我反省,思考分析主观感受,我们才能理解客观存在的自然。

在谢林看来,我们应该用主观性理解世界。

假洛克也的确是这么做的。奇迹发生后，原本瘫痪的他又能走路了。他相信这世界上万事天注定，甚至连空难都是生命中的必然，一切都在按照计划进行，一切都是他作为主人公的命运。认为自己已经理解了绝对精神后，他坚信**无意识精神会引导我们的生活，让它变得更加美好**。

　　在令人灰心丧气的难题面前，假洛克总能找到摆脱困境的办法。甚至当大家发现那扇恶名在外的地下舱门时，这位奇迹亲历者也不觉得危险，反而把它视为一种馈赠。

假洛克从怀揣着探险梦的残疾人变成了岛上那些幸存者的领导者,他肩负的不仅是他们的命运,还是世界的命运。虽然荒谬得离谱,但所有迹象都表明,情况就是这样。

所以我们不难发现,谢林和假洛克的观点都极具宗教色彩。就算他们不认为上帝是能改变自然规律的力量,可还是坚信奇迹真实存在,而且世界的命运也因此得以成真。不仅如此,每一种具体存在的物质、周围发生的每一件事,都只是按照既定的方式精准地运转。在这种情况下,最不可能、最难以置信的事情都能实现。

因此,世界上的每种物质都是无意识精神的结果。无意识精神就是自然本身,它以意识和绝对精神的形式,按照自己的方式认识自我、实现自我。

唯一的问题在于,当有任何违背他世界观的事发生,证明没什么是早已注定的时候,假洛克就只有两个选择:要么装作没看见,要么陷入极端恐慌。在这种情况下,可就没有奇迹来帮他了。

杰克·谢帕德和斯宾诺莎,这些扫兴的人

认为世界上没有奇迹,这又代表着什么呢?显然,这并不是说神奇、特殊的事不会发生。实际上,杰克·谢帕德经历了许多一般人想象不到且难以置信的事。

整个《迷失》系列里,荒谬的巧合、疯狂的遭遇比比皆是,人物设定更是不可思议,不光有复活的死人,还有时空旅行者和

酩酊大醉的编剧。

如果说世界上没有奇迹，就相当于认为自然规律远远超出人类的想象。

要想弄明白我们说的内容，就得提一提斯宾诺莎，他是和谢帕德站在同一阵营的哲学家。

> 当人们谈论奇迹的时候，总会有斯宾诺莎这样的人来煞风景。

在《神学政治论》中，斯宾诺莎认真分析了圣经里的神迹。他认为，这些神迹不是上帝为了改变事件发展轨迹而下达的旨意，而是作者无知的体现，因为他们根本就没办法正确地用自然规律来解释此类现象发生的原因。

比如，《旧约·约书亚记》里写道，在基遍战役中，上帝为了使以色列人击败敌人，让太阳悬空不动，停了一天。

根据圣经固有的传统，人们更愿意相信这是圣迹显灵。只要遵循神意，就能颠覆自然规律。为了使自己眷顾的子民获胜，就连太阳的运行规律都能阻止。

听到这个说法，假洛克和谢林估计得高兴坏了。但过不了多久，斯宾诺莎就会来摧毁这一切。

我们伟大的哲学家（也是"恶魔的拥护者"）斯宾诺莎认为，人们应首先考虑创作《旧约》的时代背景。它的作者不是天文学家，而且还认为太阳围着地球转（这一卷创作的时间过于久远，当时哥白尼的日心说还没确立）。所以,《旧约》的作者应该在书中说明，这是一种非常罕见但可以用理性思考解释的事件。

此外，圣经的受众不是科学家或者哲人，而是文盲和农民，所以斯宾诺莎认为，作者没有记录事实，而只通过一些故事来深化信仰。如果理性地阅读，这场战争中发生的事也就不难解释了：可能发生了一场典型且罕见的日食，使太阳照射的时间比以往更久；可能那一天刚好是夏至；还可能这只是一种隐喻手法，作者以此强调犹太人获胜有望。斯宾诺莎想说的是，世上没有超乎自然规律的力量，因为**上帝即自然**。这就是斯宾诺莎广为人知的那

句至理名言："神即自然。"

总之，和谢林不同，斯宾诺莎坚信一切事物都可以用世界上的自然规律解释，**不会有比客观事物、物质以及决定论更真实的纯粹精神**。

因此，也就不像假洛克想的那样存在什么奇迹。我们应该理性分析并解释眼前的事物，只有通过理性，我们才能理解周围的一切。

杰克·谢帕德和假洛克就这一点意见相悖，作为一名医生、一位科学家，**谢帕德自然是用证据说话**。

经验主义的世界观，也就是科学理性的世界观，是基于我们眼前的事物去理解世界，而非依赖自己的想象。

所以啊，显而易见，否认奇迹不代表否认特殊事件的存在。实际上，在我们的生活中，每天都会有不寻常的事发生（虽然不像《迷失》里的事那么奇怪……但至少，确确实实发生着）。

否认奇迹的存在，其实是说当我们不能彻底弄明白某些奇特现象时，一定是忽略了一些东西。

> **理性**：每位哲学家对理性的认识都有些许不同，但我们可以说理性是使人们能够追溯原因，从而客观分析世界的能力。

但是，有时我们会受想象的影响，难以全面、清晰地看待问题（无论是斯宾诺莎还是杰克·谢帕德，都不否认想象的价值）。

重要的是，要意识到想象和现实之间的界限。因为当我们混淆这二者时，会认为想象即现实，这时我们都有可能变成假洛克，或者在更糟的情况下，还会变得和《迷失》的编剧一样！

上帝面前保持沉默

如果你觉得《迷失》中的假洛克/谢林在唯心主义的路上走得有点儿太远了，信仰虔诚到了极端的程度，那是因为你还没遇上克尔凯郭尔和亚伯拉罕，他们可要把以撒作为祭品献祭到山上呢。哦，我好像讲得太快了。

> 克尔凯郭尔谈论信仰的时候可严肃了。

这位丹麦哲学家认为，唯有信仰可使人真切地活着：人们应通过信仰和绝对精神紧密联系。

他的意思是，在上帝面前我们所有人都无依无靠。我们不能把自己和上帝的关系告诉任何人，而且，对于像亚伯拉罕这样自愿成为信仰的"骑士"、为其奉献一切的人来说，每个字都是多余的。

我们现在又陷入最极端的主观思维中了：既然我和上帝的关系从根本上就很主观，那就没人能插一杠子。

克尔凯郭尔以亚伯拉罕为例，为我们解释了和上帝取得联系的唯一方法是什么。

> 他的故事对你有什么启发吗？

让我们带着疑问，迅速回顾一下这个故事吧。耶和华命亚伯拉罕成为多国之父，他将有比天穹群星还多的子嗣，他的后代将享有无尽的财富。

到这儿一切都挺好。但是，有一天上帝下令，让亚伯拉罕杀掉自己的独生子以撒，并将其献为燔祭。我觉得，他一定想回答："朋友啊，假如我真这么做了，那我可就会永远失去他啊……"可亚伯拉罕什么都没说，服从了耶和华的命令。

亚伯拉罕没有向任何人说起这件事，他带着以撒一同前往摩利亚地的一座山上。一路上，以撒多次询问父亲："献祭用的羔羊在哪儿呢？"亚伯拉罕每次都回答："上帝自会准备。"

克尔凯郭尔认为，信仰并不意味着祈祷自己诸事皆顺，不是希望上帝助我家庭事业双丰收，也不是每周日都去做弥撒或者做善事，信仰意味着能做出荒谬、让人难以理解且毫无逻辑的举动，**意味着能够像亚伯拉罕一样，屈从上帝的意志，成为信仰的骑士**。在他看来，要想明白什么是真正的信仰，就得先明白这一点。

> 克尔凯郭尔认为，信仰就意味着屈服。

如果你仔细想想，就会发现耶和华要让他完成的事于理不容且于德难恕，所以亚伯拉罕的做法简直是鲁莽轻率、毫无意义。如果亚伯拉罕在收到上帝的旨意后，把要做的事告诉妻子撒拉，她肯定会竭尽全力阻止他。

撒拉怎么能确定亚伯拉罕说的真的就是上帝的旨意？怎么就知道不是他精神错乱、年老糊涂了呢（而且，那时亚伯拉罕岁数的确有点儿大了）？

克尔凯郭尔觉得，如果从道德角度评判，亚伯拉罕的举动便显得蛮横无理，让人难以理解。所以，在众人眼中亚伯拉罕其实是个杀人犯。

你想想啊，如果你最好的朋友告诉你"上帝让我杀掉我的姐妹"，你会怎么回答？你当然会想尽一切办法阻止他，毕竟你没办法相信那就是神谕。

当以撒在前往祭台的路上问献祭的羊羔在哪里时，亚伯拉罕的任务就更棘手了。他总不能回答"儿啊，你就是祭品啊。现在别说话了，专心赶路"，对吧？

亚伯拉罕回答以撒，也是回答他自己。"上帝自会准备"这句话并不是指他们会在路上找到献祭用的羔羊，而是说："别担心，我听到的就是事实，上帝知道他在做什么。"这听起来就像在安慰自己……但也没什么用，毕竟这种行为近乎疯狂的荒谬。

> 信仰是种孤独而痛苦的选择。

亚伯拉罕不能告诉别人他在做什么，为什么这么做。他只能听从上帝的旨意，把儿子带到祭台。他是唯一知道这件事的人，其他人就算听说了也可能永远都不会相信。

在马丁·斯科塞斯的电影《沉默》（没错，就叫这个名字）中，也出现了亚伯拉罕式的"沉默"。这部电影讲述的是17世纪基督徒试图在日本传教的故事。

罗德里格兹神父和加佩神父是两名来自葡萄牙的基督徒。他们为了寻找恩师费莱拉神父而偷渡到日本，但种种迹象表明，费莱拉神父背弃了基督教，并已皈依当地宗教。

当时日本由德川幕府统治，政府采用残忍手段打击压迫基督教徒。在寻找恩师的过程中，这两位教徒也认识到了日本当时社会的残酷。

在见证了无数悲剧、死亡和囚禁之后，罗德里格兹和加佩不得不在生命和信仰之间做出选择，最后两人踏上了不同的道路：加佩宁愿自杀也不愿意背叛信仰，而罗德里格兹则为生命放弃了信仰。

就像亚伯拉罕在别人眼中是杀人犯一样，对其他基督徒来说（比如加佩，宁死都不愿叛教），罗德里格兹就是亵渎神灵的叛徒。但是，也正如克尔凯郭尔所说，**信仰是荒谬、丧失理智且毫无意义的行为**。而且由于信仰与绝对精神联系紧密，你还不能将其透露给任何人：上帝和"信仰骑士"交流时没有任何人在场。信仰骑士本人也不能确定自己到底是真的听到了上帝的声音，还是恍惚间产生了错觉。

亚伯拉罕没办法向别人证明，是上帝命自己将以撒献为燔祭，罗德里格兹也没办法让别人理解他的选择。他们和自己信仰的神之间的联系坚定又荒谬，他们只能沉默，而且孤立无援。

和谢林不同，克尔凯郭尔和罗德里格兹没有将绝对精神合理化，也没指望用上帝来解释自然现象。**信仰骑士每走一步，就离荒谬和痛苦更近一分**。在他们看来，一切都好像和具体的物质世界毫无关联。正因如此，虽然罗德里格兹看起来像个不折不扣的日本教士，但他仍能坚持自己的信仰，保持自己同绝对精神和上帝的绝对联系。

上帝和世界之间的确不存在理性关系，可是人类灵魂深处的隐秘之地却和绝对精神密切相连。这无法向外人展示，无法与人谈论，也不为人所理解。

谢林认为，在那儿，人们得通过主体理解客体；而对克尔凯

郭尔来说，主体是和一切事物分离的独立存在，沉浸于一个对任何关心真实世界的人而言都无法企及的维度中。

克尔凯郭尔认为，信仰与存在的荒谬性息息相关。

认识众神就是认识你自己

当人们探讨哲学中与神有关的话题时，必然会谈到费尔巴哈，这就像大家在谈论篮球时，必然会提到迈克尔·乔丹一样。所以啊，我们现在就来讲一讲费尔巴哈。如果他看了根据尼尔·盖曼同名小说改编的电视剧《美国众神》，会发生什么事呢？欸，别急嘛，我们慢慢来。

费尔巴哈对宗教和神的理解与众不同，他认为：**所有人都说上帝创造了人类，但实际上，是人类创造了上帝！**

费尔巴哈不知道，在自己去世几百年后，人类学证明了这个观点的合理性。宗教大概诞生于一万二千年前，那时，一些人类族群已不再整日奔波打猎，而是安居乐业、耕地务农，生活在等级森严的社会中。或许智者、神父和众神就是在那时产生的。

《美国众神》讲述的是旧神在现代社会勉强维生的故事。从奥丁到阿努比斯，从托尔到阿瑞斯，这些古代神灵究竟怎么在充斥着消费主义和资本主义、可口可乐和**社交网络**的美国社会中生活呢？

当然，面对世界的巨变，就算是神也不能故步自封，他们也不得不做出调整和改变，重新审视自己的优势、外貌和习惯。

由此，奥丁成了坑蒙拐骗、不怀好意且爱管闲事的人；阿努比斯则当上了豪华殡仪馆的老板。如果不想惹怒新神，每个旧神都得重新融入社会。

新神中有代表最先进科技的科技小子，代表全球化的世界先

谁是新神？

生，代表电力、核能源的神和其他所有由人创造、被放在庙里供奉的神。不是这些神创造了我们，而是我们创造了他们。

如果我们觉得古代的神和现代的神不同，那是因为我们已经忘了古人创神的原因。

新神和旧神大有差别却又异曲同工。二者的不同之处在于，新神与我们更加相似，更能适应现代社会；而相同之处在于，新**神和旧神都体现了人类的优缺点**、欲望和恐惧，这些从未随时间发生变化。费尔巴哈很清楚这一点，他简单总结道："人类的原则，就是神的原则。人类的价值，就是神的价值……通过一个人所信奉的神，你便可以了解他这个人。反之，你也能通过一个人，

去了解他所信奉的神。人和神相辅相成，彼此反映。"

因此，无神论者费尔巴哈才认为人们应该去学习和了解宗教，毕竟不同民族、不同时代创造神的方式，可以反映出对应民族或时代的真实特点。

费尔巴哈的伟大之处在于，他把神学变成了人类学，颠覆了人类和神灵的关系。他还认为是人类按照自己的想法，创造出了和自己一模一样的神，并把他们所有的特点、恐惧、欲望和愿望全都注入自己创造出来的形象之中（而且这个形象还特别真实）。

以前，人们希望成为骁勇善战且无人能敌的奥丁，或者成为掌管生死的阿努比斯。

但现在，人们却想像世界先生一样八面玲珑，做一个理所当然的领袖，又或者像科技小子那样，在纷乱复杂的通信世界中游刃有余。有趣的是，科技小子不仅长得像马克·扎克伯格，就连性格也像，但是嘛，这是题外话啦！

费尔巴哈和《美国众神》的编剧一样，都认为某个时代的神能告诉我们的事比同时代世界上所有学者、智者和哲理名言能告诉我们的都要多。

因为我们创造的神代表着我们的感受和我们想成为的目标，所以他们才会和我们如此相似。

我们只应期待新神比旧神更优秀，否则我们就不得不承认，过了这么久，人类还是一点儿进步都没有。**我们仍然是被自己的情感支配的野兽**，创造出的神仍然善妒、粗鲁、暴力且不值得信任。而且，我们还没有他们身上唯一值得吹捧的无边神力。

幸好啊！

漫画和爆米花——丹尼尔·库埃罗如是说

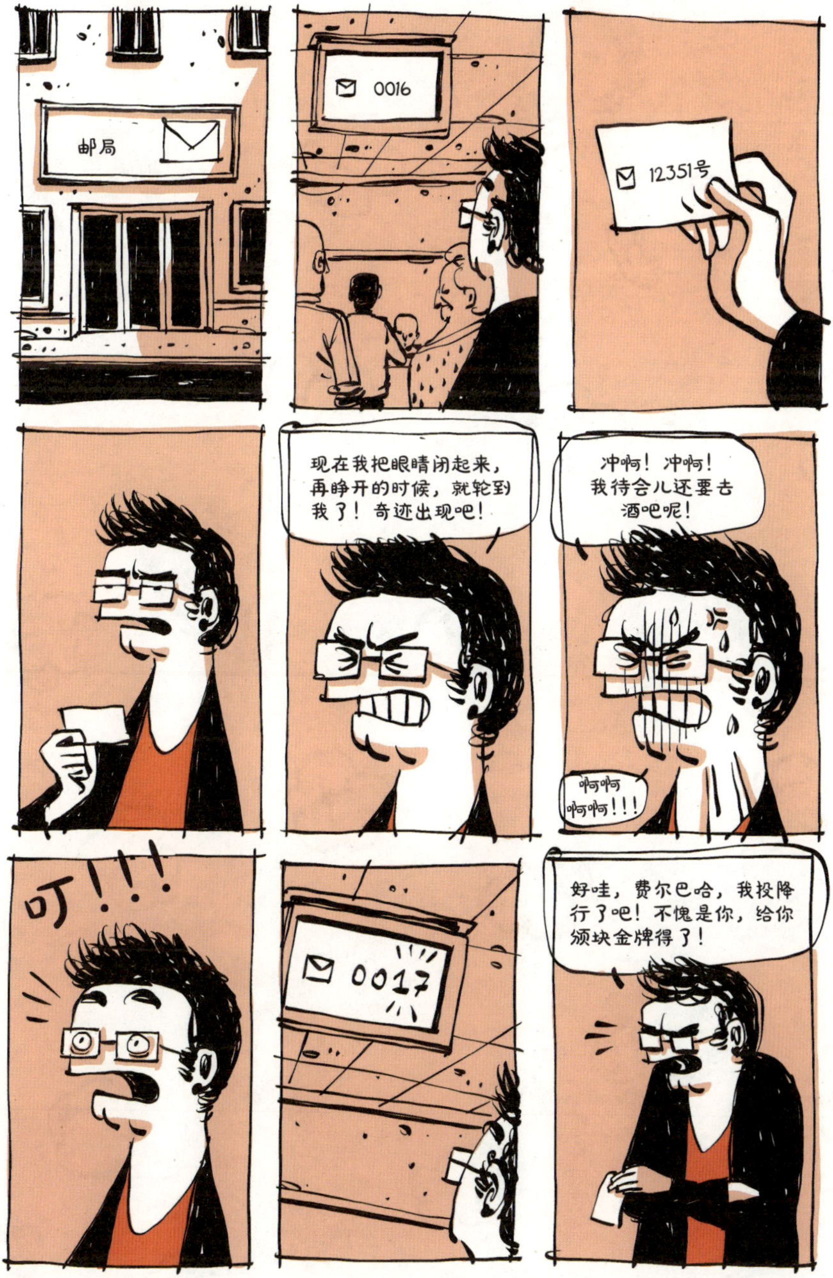

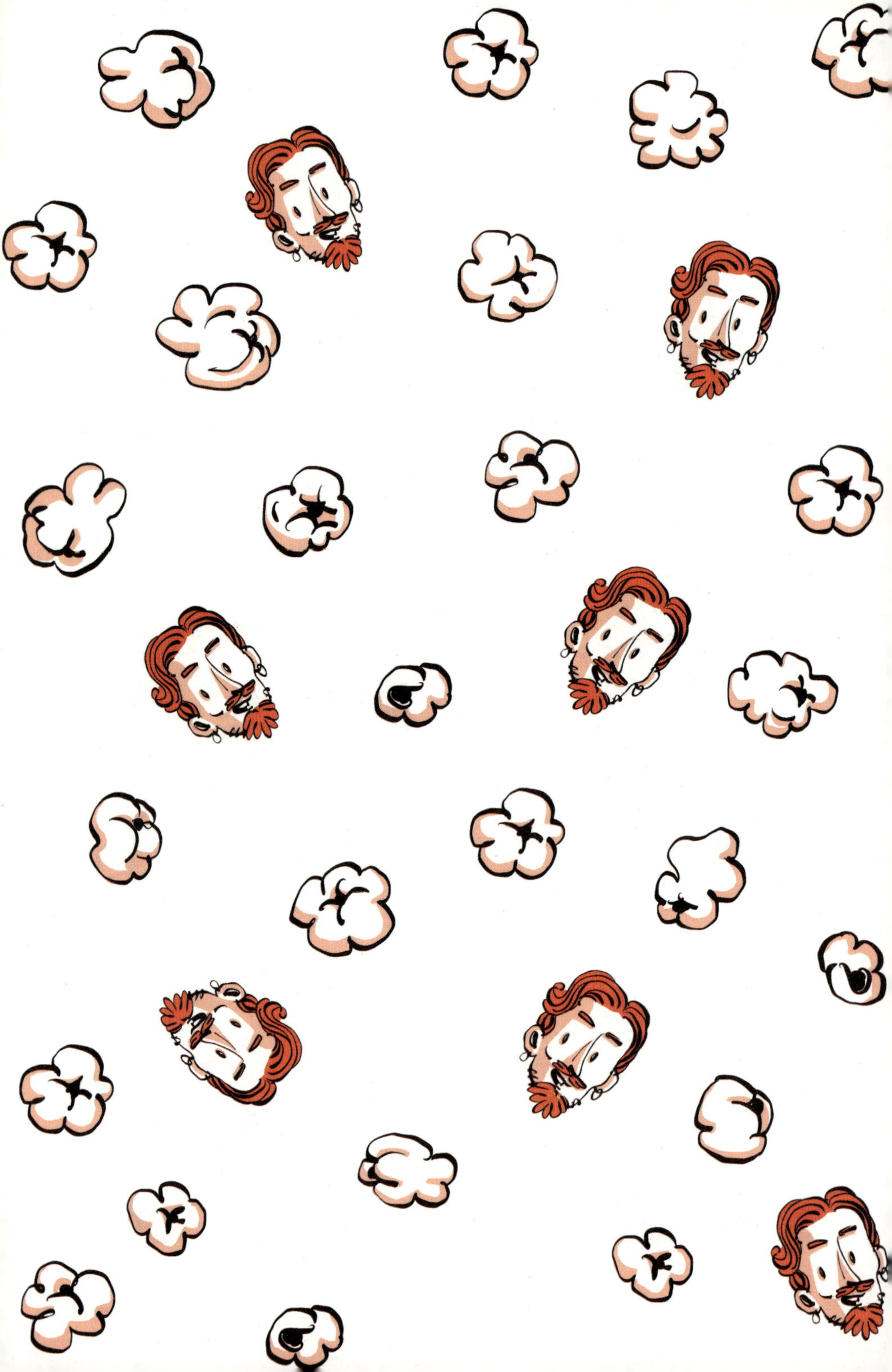

第六章

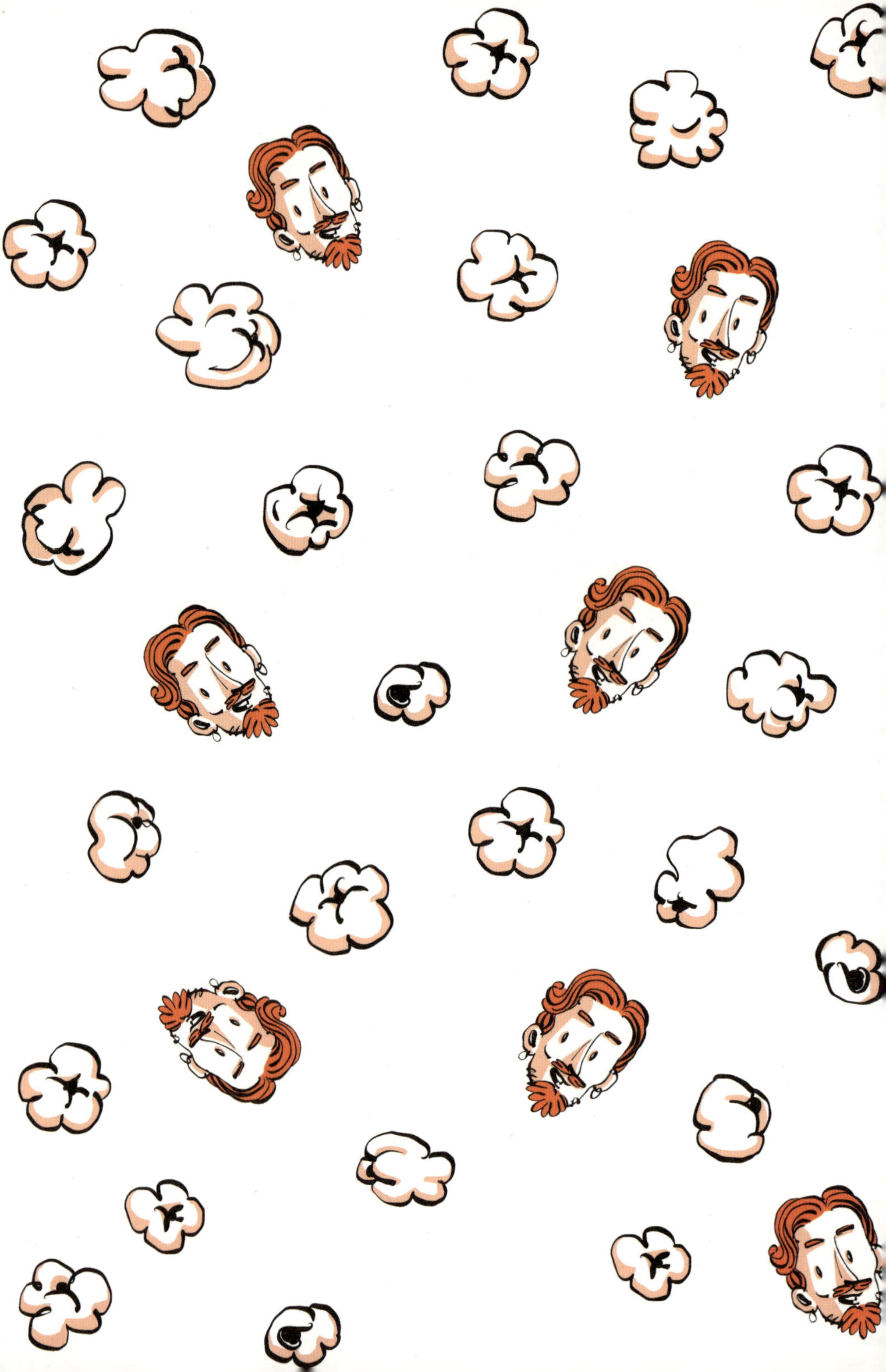

《权力的游戏》中的哲学思想

为什么讨论《权力的游戏》不仅危险，还很困难？

为什么当自己和别人对剧情的理解有所不同时（更别说面对突如其来的剧透了），人们很容易变成网络"喷子"，甚至还可能"人肉"对方呢？

为什么这部电视剧能吸引全世界的目光，引发史无前例的热烈讨论呢？

要我说，这是因为它完全以人物为中心展开故事情节，他们的世界观、思想、欲望和恐惧是这部剧的关键。追剧时，我们总会发现某些角色和自己尤为相似，并且把自己代入其中，与之共情。

《权力的游戏》(以下简称《权游》)的魅力就在于此:剧中人物形象复杂丰满,随着情节发展,他们的性格也会发生变化,前后形成强烈的反差。在他们身上,我们看到了自己的优点与不足、自己的不坚定与看待世界的方法,因此也为他们所吸引。

这部剧的代入感太强了,以至于批判其中任何一个角色,都会冒犯到他的粉丝。因为观众会把自己代入角色,所以你批判角色,就是批判他们。这就是身份认同感的力量。

冷静一下,哲学家也会遇到同样的事呢。

你好好想一下,看这本书的时候,你也会有相似的感受吧?对那些和你有共鸣的哲学家,你会备感亲切;而面对那些与你观点相左的哲学家,你也会对他说的话将信将疑。如果有人稍微说

了一点儿你喜欢的哲学家的不是,你会觉得那也是在骂你,但事实可并非如此。

虽然这种争论有助于我们从思辨的角度讨论剧情,但也可能会引导我们走向极端。**总而言之,哲学让我明白,我看到的世界总是比真实的更有局限性**,独立思考意味着在评判他人之前先严肃地审视自己。

呃,为了留条小命,我先跟你讲好,如果我在这一章里说了你喜欢的角色的坏话,你可千万别烧书啊。**毕竟,假如你朋友看见你一边拿着书一边大吼"龙焰!",他们可能会帮你叫救护车。**

《权游》里的女人有多强大,多令人闻风丧胆呢?这可是这部剧的一个基本主题,让我们继续一探究竟吧。

她们才是世界上权力的象征。

你看啊,琼恩·雪诺什么都不知道,丹妮莉丝·坦格利安则满怀野心,詹姆·兰尼斯特只想助人一臂之力(结果还真把右手送出去了),而瑟曦·兰尼斯特却杀人无数,踩着堆积如山的尸体实现自己的目标。

毫无疑问，在《权游》中，统治世界的是女人而非男人。是女人让世界运转起来，带领我们走向乌托邦，构建理想社会。

> **乌托邦**：许多哲学家都描绘过理想社会的样子，但是他们的设想却从未实现。你知道和乌托邦相对的是反乌托邦（又被称为绝望乡）吗？有趣的是，有些乌托邦最后会变成反乌托邦，也就是和理想相反的社会。这是因为在空想变为现实后，设想的美好往往转瞬即逝，一切终将化为丑恶与卑劣。

乌托邦的形式多种多样，可惜总是无法共存：它们之间往往格格不入，彼此排斥。

你看过托马索·康帕内拉写的《太阳城》吗？其中，他谈到了一种开明的寡头政治，即由少数人按照大家理想的方式，用权力、智慧和爱统治世界。

这和约翰·斯图尔特·穆勒的观点恰恰相反（他的《妇女的屈从地位》被视为妇女解放史上的里程碑），也就是说，在穆勒的理想社会中，自由是每个人的基本权利，无论君主或少数决策者多么高瞻远瞩、思想开明，都不能干预子民的自由。

这两种世界观各有各的道理，而且都令人向往，但始终彼此排斥，无法共存。就好比你想看《怪奇物语》，但你的女朋友想看《权力的游戏》，最后你们选了《绝命毒师》，搞得两个人都不开心。

同样，丹妮莉丝和瑟曦心中的理想世界截然不同，自然也无法和谐共处。

幽灵游荡在维斯特洛大陆

从丹妮莉丝想要谋得铁王座那一刻起，她的世界观就显而易见了：不管是什么样的社会形态，只要社会由压迫者和被压迫者组成，那担任统治者角色的人就应该推翻这个社会，解放所有奴隶。

她认为，在乌托邦般的理想世界中，众生平等，而且不存在任何经济与社会层面上的差异。

> 丹妮莉丝想要推翻奴隶制。

此外，我们的金发坦格利安还认为，只要能实现这个目标，用什么方法都可以，就算使用龙焰也不为过。但这确实不算是能促进协商的外交武器！

总之，多亏了她的座右铭"Whatever it takes."（为达目的，不择手段），龙母才能加入"复仇者联盟"，并和其他英雄一起对抗"灭霸"。

我知道乔拉爵士和提利昂是丹妮莉丝的左膀右臂，前者以近乎极端的方式虔诚地归顺于他的女王，而后者可能是整部剧中变化最大的人物，但对她影响深刻的一定是卡尔·马克思！

其实在丹妮莉丝的行事作风中，我们可以隐约瞥见反对资本、强调平等的社会主义雏形。

正因如此，在第二季、第三季和第四季里，龙母推翻了其不认同的政治形态，比如，男巫和富商在魁尔斯的集权统治、阿斯塔波的奴隶制和弥林的贵族统治。

而她的死对头瑟曦·兰尼斯特则通过金融资本和"兰尼斯特有债必偿"带来的声誉，以及与布拉佛斯铁金库的联盟，使自己的家族兴旺繁盛。

马克思认为，社会中之所以会发生有违公平正义的事，是因为资本主义社会的三大基石，即宗教、奴隶制（也可以理解为异化）和资本剥削在作祟。

与黑格尔及其他更早的哲学家不同，马克思认为束缚人性的不是思想而是社会经济状况，这才是社会是否公平正义的决定因素。总之，解放思想远远不够，我们有必要摆脱现实的枷锁。

但马克思并没有批判《权游》里代表宗教的魁尔斯十三巨子，他认为**人可以在宗教中寻求庇护，以试图超脱苦难，追求更美好的生活**。

"宗教是人民的精神鸦片"，这句话是说，人们以逃避现实为目的创造神和宗教，从而否认我们只能生活在这充满压制和奴役的世界中。

这就好比只有想到再次拿到游戏机手柄时的快乐，顽皮的学生才能熬过历史课和数学课一样（不好意思啊，确实有人证明，这才是最好的学习方法）。

由此，有宗教信仰的人更倾向于把当下的磨难看作通往美好未来的道路，所以他们也很容易受到支配。想进入天堂，得到灵

> 宗教增强了人们的承受力，所以是人民的精神鸦片。

魂的救赎或者永生，那得先苦心志、劳体肤才行。

可是如果宗教只是苦难的表现，那么人们每天都在承受的**异化**就是宗教产生的真正原因。

马克思认为，当人类不再为和他人一起利用自然而劳动，不再为实现某个计划而劳动，而只以生存为目标时，异化就已经发生了。

> **异化**：这不是说人类变成了外星人。异化指的是人类脱离本性，失去了自己存在的意义，任凭他人摆布与欺骗，屈服于他人而苟活于世。从马克思到尼采，很多哲学家时常思考这个问题，但很多时候他们对"异化"具体含义的看法各有不同。

建筑师使用手头的工具改造自然，从而实现自己的设想，并赋予房屋生命力。从这个角度来说，人类是有能力改变自然、"人化"自然的。我们之前讨论过黑格尔对科技的看法，你还记得吧？马克思的观点和他差不多，也认为人类可以通过劳动"人化"自然。在奴隶制下的阿斯塔波和阶级统治下的弥林，人类异化于本性，只为了生存而生活。通常情况下，人们通过艰苦繁杂的工作换取薪资，但在最糟糕的情况下，人们则是为了不被主人处死而工作。此时，人类就单纯是物品而已。

马克思认为，劳动者不同于手艺人、艺术家或者建筑师，他们无法通过作品实现自我，只能在异化劳动中不断否定自己。他们感到不幸，在束缚的锁链中使自己备受折磨，身心俱疲。在这种情况下，劳动者为了满足他人需求而被迫工作，自己的需要却无法得到满足。

> 劳动者无法通过劳动实现自我，劳动无法满足他们的需求。

所以啊，丹妮莉丝清楚，要想实现平等，建立乌托邦社会，只靠理论和思想是行不通的，得做出实际行动才行。

历史唯物主义认为，**社会存在决定社会意识**。如果我们想解放人类的思想，就得通过革命身体力行，而不能只简单地纸上谈兵。

> 历史唯物主义认为，人类只有通过行动才能获得解放。

只有摧毁建立在不公和资本剥削之上的经济基础，才能消除人类的异化。当然，如果想在《权游》中实现这一点，就必须让龙出马。

丹妮莉丝面对的是一场名副其实的阶级斗争。马克思认为，阶级斗争是历史前进的唯一动力。在阶级斗争中，被压迫者会推翻压迫者的统治，冲破奴役的枷锁，以一种全新的统治体系开启一个新时代。

《权游》中"灰虫子"的上位历程就是个典型的例子。他原本只是被阿斯塔波的奴隶主随意使唤的无垢者，但在帮助丹妮莉丝清除奴隶主后，就成了她的得力干将。

历史在斗争与革命中曲折前进。没有斗争与革命，就没有历史。

但是，在推翻压迫者的统治后，被压迫者时常会成为新的压迫者，那我们怎么才能知道历史是往好的方向发展，还是会重蹈覆辙呢？

这个时候，共产主义就起到关键作用了。高瞻远瞩的马克思和丹妮莉丝可是身体力行地维护这个观点呢！

马克思认为，社会必然会向共产主义发展。同样，在年轻的丹妮莉丝看来，自己坐上铁王座是命中注定的事。

他们之间的不同之处在于，马克思提出共产主义社会实现的必然性，是因为他发现了资本主义社会的弊端，而丹妮莉丝则是在父亲"疯王"伊里斯去世后成为龙母，并意识到了日渐衰落的世仇家族在统治上的缺陷。

同样，对卡奥和卡丽熙来说，要想改变社会，就得付出行动。

毛主席说："革命不是请客吃饭。"但假如革命真像请客吃饭那么简单的话，桌上肯定会有许多烧菜……而且还是用龙焰烹饪的呢！

独立于国家的存在：
瑟曦和她的家族

  如果丹妮莉丝和瑟曦·兰尼斯特是两个网红主播的话，可能她们会连着几个月更新视频，互相攻击，打口水战。但是，她们各自统治着自己的王国，针锋相对的代价可就比对骂大多了。

  人们很容易认为，瑟曦的行为和思想都很莽撞且相互冲突，没有任何逻辑可言，更别说其中还能体现出什么哲理可供研究了，但事实并非如此。作为恶人乔佛里的母亲，无论她再怎么愤世嫉

俗，再怎么残忍冷酷，她的选择、观念和行为都有缘由，并非不可理解。

兰尼斯特认为，家族高于国家，这便是他们的哲学特质。

虽然这听起来有点儿像黑手党说的话（就像《教父》里的维托·柯里昂说"家族第一"那样），但也确实有点儿道理。就算黑格尔的"伦理国家"完美得像个童话，**有些时候，人类也的确应寻求国家以外的庇护（比如，在独裁统治下）。这时，家就成了首选的避难所。**

瑟曦做的每一件事都不是为了谋得政权，而是为了保护她的家族和孩子。

其实，从乔佛里和弥赛菈被人毒死到托曼自杀，孩子接连死去时瑟曦就开始逐步"黑化"，只是在某个瞬间，一切终于爆发了。她的言谈举止和思维方式都已不受理智控制，只想着毁灭一切（和自我毁灭）。但在这之前，瑟曦希望自己独立于国家权力，因此她才会反对专制主义。哲学家安·兰德也这么想。

安·兰德哲学理论的基础之一，就是认为**每个人都是独立且享有主权的个体**。不想做的事情就不做，没有人能逼迫他，当然也没有人能强制他。

对兰德而言，上位者下令决定别人的人生，或者强制别人按照自己理想的方式做事，就是最大的不公。奴隶制度正是在这种不公的表象之下慢慢生根发芽。兰德相信："人类的首要权利是成为自己，首要义务是忠于自己。不把自己的人生目标寄托在他人身上，才是神圣不可侵犯的道德准则。"这也是她一切思想的源头。

> 安·兰德认为，每个人都是独立的个体，不受他人蛮力胁迫。

有些人表面友善和谐，看起来是给你更美好的希望，想把你从深渊中拯救出来，暗地里却为了掌权而违背原则，逼迫他人按照自己的想法生活，随意决定他人命运。

对瑟曦·兰尼斯特来说，丹妮莉丝·坦格利安就是这种人。她戴着解放者的面具，干着谋权上位的勾当。她的统治将会更恐怖、更惨无人道。

所以，作为兰尼斯特的一家之长，瑟曦选择和布拉佛斯铁金库结盟，雇用士兵和海盗，并且凭借经济实力广结盟友。为了自己的家族，她执着于对抗龙母的乌托邦，要知道，家族可是瑟曦一生中唯一珍视的东西。

为了抵抗乌托邦的影响，并且不受龙焰摧残，他们就必须和与自己境遇相似的人联手（有谁比亲戚更合适呢？）。在这种情况下，家族便能在国家的权力和个人的无力之间做平衡。

至少瑟曦在因子女去世而发狂前一直没想坐上铁王座。她才不关心平民百姓呢，甚至连他们是谁都不知道。在她眼里，那些平民就只是一群浪费自己时间的白痴和浑蛋。

> 瑟曦主张将个人情感和国家统治一分为二看待。

仔细想想，在错误的时候出生于贵族家庭，并且成为统治权的继承者，这才是导致瑟曦命运悲剧的真正原因。由此，她注定会嫁给国王劳勃·拜拉席恩（有一说一，他压根儿就没爱过瑟曦）。

瑟曦和马可·奥勒留的经历有些类似。身为家族长女，瑟曦只能违背意愿，成为统治者。作为姐姐，她或许有些奔放，但作为母亲，她真的尽职尽责，只是当所有的孩子都去世后，她也失去了自己在这个世界上的挚爱。马可·奥勒留同样无心执政，他一心热爱文学，愿意为其奉献终身，奈何不得不在罗马帝国的鼎盛时期继位成为皇帝。

他们俩的共同之处在于都被迫成了统治者。 但是马可·奥勒留在斯多葛主义的影响下还是接受了自己的历史使命，成为一代贤君；瑟曦却走火入魔，丧失理智，激怒了所有人。

难怪人们说：权力也会毁掉没有野心的人。

实用主义者（与奸细）的对比

《权游》中不仅有乌托邦，还有一些出身卑微的人，比如，培提尔·贝里席和瓦里斯。他们虽然都是配角，但对故事情节的发展起到了至关重要的作用。

大家看到这鬼鬼祟祟的两个人，很容易会联想到实用主义：他们所做的一切都不是以寻求真相为目的，而只是为了确保计划顺利进行。

他们善于观察，对周围的环境了如指掌，而且也不在乎自己的行为是否违背道德。无论环境是好是坏，他们都能慢慢适应。我们马上就会明白，这其实是实用主义的基本特点。

> 哲学家皮尔士认为，实用主义者不会为种种疑虑担忧。

恰恰相反，疑虑是求知的动力。如果我们面对疑虑时，任由恐惧控制自己，最后就只能盲目相信眼前的一切，没办法认识世界。

耽于信仰，会让人紧紧抓住能让自己更觉安心的事物不松手，就算它再怎么荒诞无用也没关系。

打个比方,如果你严重怀疑最好的朋友偷偷挖了你的墙脚,但这种想法又让你难受,所以你宁愿觉得是自己多虑了也不会质问对方,看看到底是怎么一回事。这个时候,你可能就会有类似的感受。

因为这样你便可以松口气,让心里更踏实一点儿。但这完全就是你一厢情愿罢了,你根本不清楚真相是什么。

查尔斯·桑德斯·皮尔士认为,人类非常容易轻信某件事,而且有很多方法来打消自己的疑虑。这就好比学校里那些自命不凡的校霸总是摆出一副不好惹的样子,内心却很缺乏安全感,十分脆弱。有时,我们会像把头埋在沙子里的鸵鸟一样自欺欺人,希望用虚张声势的盔甲掩盖内心的不安;有时,我们选择相信别人的花言巧语,或者依赖某位权威人士的意见(其实他说了和没说没啥两样)来让自己更加心安。这就像我们会苦苦追问某位大师或者圣人,让他们指导我们如何生活。仿佛只有这样,我们才能确信自己没有步入歧途。

人类总觉得,任何情况下自己的想法都与现实世界密不可分,相辅相成,所以我们坚定地认为自己相信的就是事实,有时还会把疑虑视为幻想。但是,在实用主义者看来:

> 唯一能够改变世界的有效方法就是科学。

查尔斯·桑德斯·皮尔士是一位特立独行的哲学家，他好像从来没有思考过以往的哲学难题。他不去想人类的本性是什么、智慧的本质是什么，不去寻找超出事物本身的绝对精神，对形而上学也一点儿都不感兴趣。

查尔斯·桑德斯·皮尔士认为，**认识世界就意味着发现世界的本质，并采取相应的行动**。他只看重经验，认为它富有逻辑、可经证实，并可由实践检验并被反复应用。在他看来，除此之外的一切都是浪费时间的错误思考。

> 连"小指头"贝里席和"八爪蜘蛛"瓦里斯都不会在形而上学上浪费时间呢。

从这个角度看，贝里席和瓦里斯都是坚定不移的达尔文主义者。除了能观察周围环境从而采取行动，在原始计划行不通时，他们还能迅速且狡猾地改变策略，以尽可能达到自己的目的。适应环境、坚持现实主义且头脑足够清醒，这是实用主义者的基本特点。说到底，他们这么做也只是为了在自己所处的环境中存活下去。可是啊，实用主义者之间也存在差异。

虽然"小指头"和瓦里斯都爱使花招、耍手段，是不折不扣的实用主义者，但他们俩的差别可大了。

"小指头"奉行的是个人实用主义，仅仅局限于维护自己的利益。只要仔细观察他那一成不变的老套路，你就会发现他只是表面上恭敬顺从，实际上老是干离间盟友的勾当，然后巴结其中更强大的一方。

"小指头"的老套路完全违背了皮尔士的观点，甚至还犯了所有实用主义者都会尽力避免的错误。"小指头"觉得，应该让世界来适应他，而不是让他去适应世界。正是因此，他的方法才行不通。

长远来看，这种生硬死板的方法只会给可怜的"小指头"带来麻烦，最终还害了他，让他落到两个曾被自己掌控的人手里。

而瓦里斯就不一样了。他服从执政者，不仅是为自己，还是为所有人找寻最好的出路。

他认为追求实用是为了和所有人共享利益，因此他是一个功利主义者。和"小指头"相比，瓦里斯更能根据环境调整策略以实现目标，他的适应力比前者强多了。

瓦里斯面对不同的人有不同的处事方法，同时他安排眼线，以确保自己有多条道路可供选择（而培提尔几乎总是单枪匹马）。他对周围的观察和认知不会受到实用主义者所排斥的信念影响，因此更具优势。

这两个心机颇深的人物认为，为了生存，除了要成为忠于世界的实用主义者，还得成为忠于自己的实用主义者，而后者才最难实现。

琼恩·雪诺无所不知……
那我们呢？

琼恩·雪诺才不是什么都不知道呢。

这样说吧，其他人知道的，琼恩·雪诺可能只了解冰山一角，但他知道很多别人不愿知道的事。

当所有人都在为"南北战争"奔波忙碌、厉兵秣马时，奈德·斯塔克这个私生子的心思完全不在这件事上。他担心的是异鬼军团即将南下，屠戮维斯特洛大陆。

他试图说服所有人，告诉他们当务之急或许不是对付瑟曦，

而是阻挡异鬼军团恐怖的进军。

可是因为大家都觉得琼恩·雪诺什么都不懂，所以最初没有一个人相信他。

总之，琼恩·雪诺一点儿都不关心什么"当务之急"，就算它的威胁显而易见，他也无动于衷。因为他只注意那些长远的、

> 琼恩·雪诺看得太远了，所以才没人信他。

没有任何人重视或想采取行动去解决的问题。

琼恩·雪诺让我们想到了汉斯·约纳斯，这位 20 世纪的哲学家。在预见到气候灾难后，他呼吁大家："你在做每一件事时，都要考虑这样是不是为地球及那些真实存在的生命负责。"

实际上，异鬼军团南下到维斯特洛大陆，预示着地球上一切生命都面临消亡。同样，日益严重的气候变化也会产生这种威胁。可就像政治家和掌权者一样，比起关注长远的问题，他们更喜欢解决当务之急。所以当琼恩·雪诺说"夜王来势汹汹，所到之处不留片甲"时，没有一个人相信他。

想优先解决琼恩·雪诺想到的问题，就需要所有人团结奋战，这在当时的确不太容易做到。

当时局势四分五裂，每个阵营都想让自己的敌人先去对抗异鬼军团，好使其无力再战、弹尽粮绝，所以没有任何一方采取行动。

汉斯·约纳斯和琼恩·雪诺认为，我们应该围绕责任原则，重新制定伦理道德观，使其涉及范围比我们之前习惯的更加广泛。我们不能只对自己负责，也要对周围的同代人负责。

我们真正的使命是对生命本身以及生活负责。

最重要的是，我们还要对后人负责。

所以，琼恩·雪诺懂得可多了。他知道当务之急是阻止夜王进军，因此坦格利安和兰尼斯特应该先放下私人恩怨，共同御敌；他知道对付夜王需要团结各种势力；他知道自己不可能说服所有人，因为对人类而言，最难看见的地方就是自己的鼻尖；但他也知道当下别无选择，因为要想解决小分歧、小矛盾，就得先团结起来击退异鬼。

在实用主义者眼中，琼恩·雪诺什么都不懂。但他和汉斯·约纳斯一起拓展了我们考虑问题的思维，让我们看待世界的目光更加长远，我们的行为对世界的影响将在时空的变迁中逐渐体现。因此，他们才想要让大家走出舒适圈，建立更伟大的责任观。

琼恩·雪诺知道了，那我们呢？

漫画和爆米花 —— 丹尼尔·库埃罗如是说

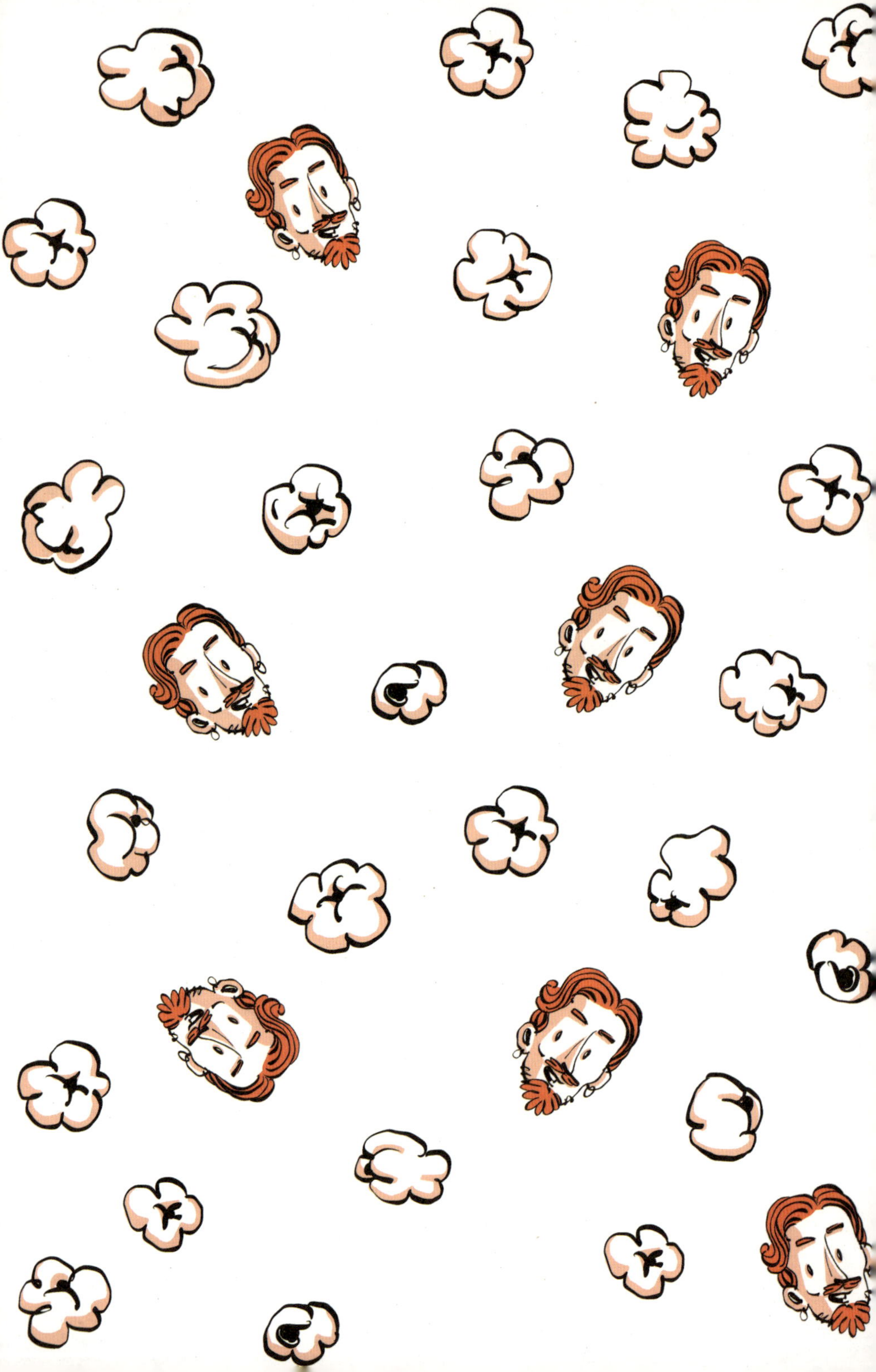

第七章

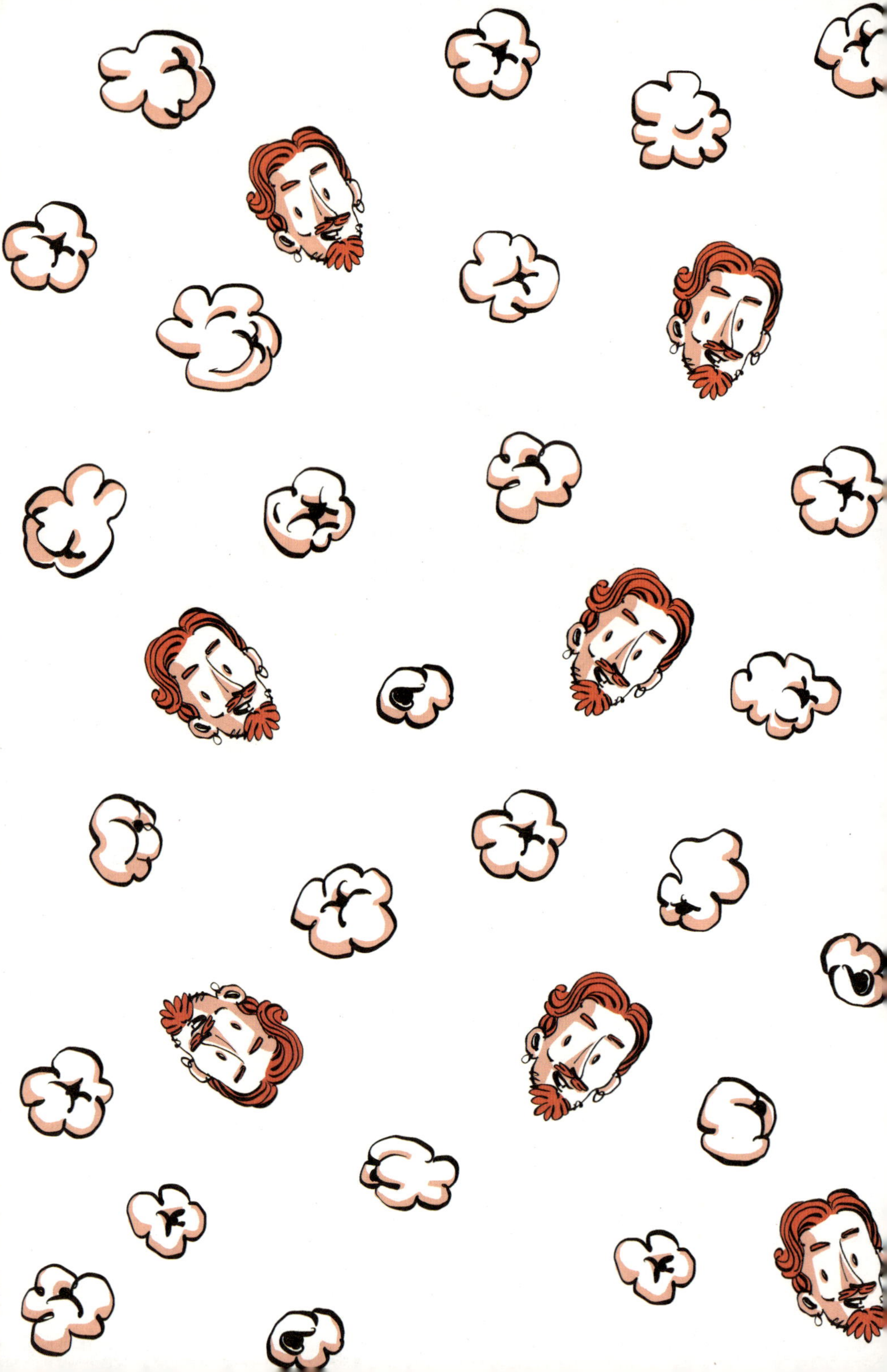

海森堡与狄摩高根：道德哲学对抗妖魔鬼怪

我、我自己和……没人了吗？

假如你一觉醒来，发现所有人都不见了，而且还不是像《小鬼当家》里那样，家里人都出去玩了，只留你一个人在家。所有人，没错，所有人都不见了。邻居、老师、公交车司机、屠夫、警察，甚至哲学家，全都消失了！

你就是地球上的最后一个人，只有你一个人留在世界上。你觉得，这是**噩梦**还是美梦呢？

一方面，你可以放飞自我，怎么开心怎么来：无证驾车、偷英国皇室的珠宝、在电影院看网飞电视剧（但你也看不了多久，毕竟没有电工和工程师，电很快就会耗尽）。

另一方面，你可能很快就变得百无聊赖，你的生活将死气沉沉（如果你不和别人一起看网飞电视剧，那你看的就不叫网飞电视剧了），之后你会感受到一种令人窒息的孤独。

开始你可能觉得自己无所不能，之后又会深感无力，觉得自己只是一介凡人。

在电视剧《最后一个男人》中，菲尔·米勒就面临着这种情况：其他所有人都因为一场传染病去世了。

> 菲尔是地球上最后一个人。

他意识到的第一件事情是，我们奉公守法常常是因为周围有其他人。我们不闯红灯，不是因为自我觉悟有多高，而是因为这时人行道上绿灯亮着，有其他人正在过马路呢。**如果不想撞到他们**，那就只好停下来。有时**我们也会想在街上裸奔**（得了吧，别那样看着我，我知道你肯定这么想过！），但我们害怕别人鄙夷的目光与评价，尤其是警察的，于是只好作罢。

我们不把车停在超市里，不是因为这是什么十恶不赦的错误，而是因为这样做可能会让其他人生气。

总之，**我们遵纪守法、安分守己是为了避免违规的后果**。可是菲尔呢，一意识到自己是地球上最后一个人，他就像疯子一样飙车，完全不把红绿灯放在眼里，他驾车撞碎玻璃、冲进商店，甚至还在街上裸奔。他这么做只是因为当其他人消失之后，规则也就没什么用了。

但是菲尔可能弄错了。没过多久，他就意识到自己非常需要其他人（不只是因为需要维持供电），而且他还发现，认为只有在他人存在的情况下规矩才有价值可能本身就是错的。

反正吧，要想彻底明白这是怎么回事，我们得先在哲学的海洋里遨游一下，当然也要提一提电视剧啦。

我不相信"他人"

虽然比起菲尔，让-保罗·萨特和汉娜·贝克的观点更有戏剧性，但他们都认为：

> 他人即地狱。

如《十三个原因》中讲的那样，他人的存在通常会给自己带来天大的麻烦。假如没有周围的人，我们的生活可能还会好点儿。

我们不用再迫于规矩谨言慎行；我们不用再小心提防别人的意见和伤害；我们可以不用担心周围人的看法，幸福快乐地生活。

每个人都可能有和汉娜·贝克同样的经历，或者说，所有人多少都经历过类似的事。通过一个动作、一句话，或者一次掏心掏肺的交谈，我们就可以看出有人想利用我们说过的话或者做过的事来伤害我们，甚至毁掉我们。正是这样，汉娜成了大家口中的"轻浮"女孩，日复一日的霸凌和谩骂让汉娜坠入绝望的深渊，最后走向死亡。

不仅是在有同学在校车上大声放音乐的时候，还有在有人打扰自己看书的时候，某人不洗澡、散发出熏天臭气的时候，有人在公共场合挖鼻孔的时候……他人的存在本身就是一种侵犯与折磨。汉娜极端的行为正是她非常肯定的回应的方式。

> 对我来说，他人的存在始终是一种折磨。

所以，问题不在于别人是好是坏、为人诚实可信还是阴险狡诈，对我来说，**他人的存在本身就是个问题**。

让-保罗·萨特也这么想，虽然大家都不愿意承认，但他的观点的确非常简单明了。他认为，人生第一个真正的挑战，就是融入他人。他把这称为"堕落"。

如果仔细想想，我们可能会发现远离世间纷扰、自己独处简直是天堂般的完美体验。

当你独自一人时，可以什么都不说，想你所想，不用考虑别人看你的眼光和对你的评价。

孤独有时是一种特别美好的状态。你不觉得吗？

我们就以《旧约·创世记》中伊甸园里的亚当为例吧。刚开始，他虽然形单影只，却单纯无罪，幸福快乐。

可自从夏娃来到他身边，一切就变了。他们犯下原罪，并因此被逐出伊甸园。或许从那时开始，人们就不可能在心平气和、完全不争吵的情况下决定看哪部网飞剧了。

总之，生而为人，就必定会和他人接触，所以我们必然无法平和单纯地生活。他人可能会审视我们，侮辱我们，诱导我们犯错，惩罚我们的罪过，最后再将我们的罪行公之于众，并当着所有人的面嘲弄我们。

> 而且最重要的是，他人会对我们评头论足，也会让我们受到诸多限制。

他人的评判激起了我们与生俱来且无法消除的羞耻感，让我们不得不隐藏自己，甚至还迫使我们做出一些糟糕的举动。

他人的存在让我们感到窘迫，因此我们不得不谨言慎行，不然就很有可能给别人机会，对我们施加无法弥补的暴行与伤害。

按照萨特的说法，**一个霸凌弱者的人，实际上是间接承认了自己无法忍受这个弱者给他带来的羞耻感**。他唯一的应对方式就是使用暴力，但暴力的对象首先是自己以及自己内心的窘迫不安。霸凌者痛恨自己并非清白无辜，痛恨被扔在这些清白无辜的人中间，痛恨被他们审视评判。暴力就这样诞生了。

这并不是为施暴者开脱，我只是想阐述一个特别简单的事实：**弱点决定行为，他人的存在是我们内心隐秘的弱点。**

汉娜无法忍受和他人共处。通过磁带（都 2022 年了，说这个词是有点儿奇怪），她不仅想向我们揭发他人对她造成的伤害以及促使这场悲剧发生的原因，还想让大家注意到总是被忽略的一点：**他人不是我们幻想的载体，也不可能按照我们的想法行事。**

他人不是辅助我们达到目的的工具，而是真实的存在。我们想让别人好好对待自己，就得先以同样的方式对待别人，毕竟己所不欲，勿施于人嘛。

萨特认为，**只有在他人眼中，我们才能发现自己、认识自己。**在与他人的交往中，我们可以明白自己是谁、想做什么。可惜的是，比起和他人接触，我们更喜欢逃离他人。我们往往会戴上面具保护自己，让自己不受对方影响，或者因为无法忍受被审视、被评判、被束缚而对其施以暴行。

我们不可能不和他人接触，也无法忽略他们的存在。如果自欺欺人，反其道而行之，我们最后可能就会和贾斯汀一样，在接受汉娜的初吻后到处散布关于她的谣言，把她视为玩物和达成目的的工具。

汉娜·贝克没有菲尔·米勒那么幸运，她本想远离迫害自己的人独自生活，可这根本就不可能。我们已经坠入地狱了，就像萨特说的：**"他人即地狱。"**

沃尔特·怀特："我这么做，（不）是为了你们。"

如果你想摆脱他人，还有一个行之有效的方法。热门电视剧《绝命毒师》里的沃尔特·怀特只用了短短五季的时间，就毁掉了自己的家庭，让同伴被关进监狱，备受折磨，差点儿失去生命。丢了工作的他甚至建立了恶名远播的犯罪团伙，让全城陷入恐慌，类似的经历还有很多很多。沃尔特·怀特有点儿像"上帝之鞭"阿提拉，经过之地寸草不生。

> 取而代之的是肆意蔓延的蓝色冰毒！

大家很容易被蒙蔽双眼，觉得《绝命毒师》里的沃尔特·怀特其实是个好人（我知道你时常会想，假如能有一个像他一样的老师该多拉风啊。但是吧，你最好先去问问他以前的学生**杰西·平克曼**！）。沃尔特·怀特是一位内敛的高中老师，也是一位和蔼慈祥的父亲。在发现自己患上癌症后，他决定铤而走险，开始制毒，来为自己的家人留下足够的钱还债。

再加上他总以"我都是为了你们好"为名，说服自己（和其他人）相信自己本心是好的，这部电视剧可以说是赚足了观众的眼泪。

"为了你们"，也就是为了家庭、为了学校、为了社会祥和。"我之所以这么做，是因为我爱你们。所以我现在要牺牲自己，给你们换取一个美好的未来。"**但我们都很清楚，他一直戴着面具，看起来是沃尔特·怀特，可实际上是海森堡。**

如果他真是为了大家好，那就应该接受"灰质"公司提供的工作机会。沃尔特·怀特其实是这个公司的创始人，只是在和合伙人艾略特·施瓦兹大吵一架后，他选择离开公司，与其分道扬镛。他本可以回公司赚钱治病，但出于骄傲与自尊心，他拒绝了这个机会。

如果他真为大家好，那就应该把握住改邪归正的机会，不再贩毒（在剧里，他至少有三四次这样的机会）。

> 沃尔特·怀特早已深陷其中，所以才无法金盆洗手。

如果他真是为大家好，那就应该跟古斯塔沃·弗林和好，在超级实验室里安分守己地工作三个月，而且这还能让他有一大笔钱可赚。但这根本就不可能：出于一些私人原因，他始终对古斯塔沃怀恨在心。

最后，他自己也坦白："我这么做，都是为了我自己。我喜欢制毒，我也擅长制毒。"可是，他花了整整五季的时间才肯承认这一点！

沃尔特在"灰质"公司市值百万美元前就放弃了职位，当了高中老师。从这个角度上讲，他代表的是对自己过去的选择感到失望、后悔，以及为自己的选择付出代价的人。所以，在知道自己时日不多的时候，沃尔特·怀特决定报复生活，冒着失去自己所珍视的一切的风险一雪前耻。他骄傲、不可一世、野心勃勃、想要复仇……这一切都使沃尔特·怀特的面具瓦解破碎，将其海森堡的真面目暴露在人们面前。

对海森堡来说，他人只是让自己达到目的的工具。一旦揭开沃尔特·怀特的面具，暴露出他的本性，人们就会发现**他所做的一切并不是为了家人，而是为了满足自己的控制欲**。他想向所有人，尤其是向自己证明，没有人比他更机敏、更大胆、更狡猾、更执着。而且，通常这类控制欲强的人都无法忍受别人的存在。

怀特也认为他人的存在是自己实现目标、过上幸福生活的唯一障碍。在他觉得自己能掌控全局（癌症让他觉得自己没什么可失去的了）时，他选择违反一切道德准则，肆意妄为，反正也不用承担后果。

> 《绝命毒师》里，阻碍沃尔特·怀特获得幸福生活的也是他人。

他认为，斯凯勒不停地用一些毫无价值的问题给他制造麻烦；汉克作为一名缉毒警察，对沃尔特来说也是个威胁；杰西是个带不动的废物，交给他的任务就没几次是顺利完成了的，而且他还总把伦理道德挂在嘴边。

在沃尔特眼中，他们不再是具有思想和理性的个体，只是用来实现目标的工具，要么利用他们，要么就除掉他们。斯凯勒之所以阻挠他的计划，是因为她发现沃尔特在歧路上越走越远，但因为自己仍然深爱着他，所以愿意陪伴他；汉克之所以是个威胁，是因为作为一名警察，他理应打击贩毒行为；杰西总是办不成事，是因为他的道德底线不允许他对沃尔特言听计从。

这些人都是独立且有思想的个体，可是怀特无法认清这一点，仍把他们视为帮助自己实现目标的工具。

有些人也有类似的经历，比如，因为觉得他人会阻挠自己实现目标，便将其视为阻挡自己前进的障碍。而且他们总是希望他人能像眼前毫无生气的物件一样，要么能被控制，按照他们的想法行事，要么就远远避开，别和他们有任何交集。真正困难的是意识到他人和他们一样，也有自己的想法、目标和意愿。也正因如此，他们才不能将他人视为自己的掌中之物。

虽然海森堡不这么想，但我们还是得说，没有人是他人的掌中之物。

康德也想过这个问题！

著名的哲学家伊曼努尔·康德认为，**做事遵守道德，就意味着永远不能把别人当作手段，而要把他们视为目的本身。**

总的来说，就是如果要正己守道，我们就不应该为了自己的目的利用他人。毕竟人类本就不是工具。

如果康德知道汉娜·贝克和沃尔特·怀特的事，那他或许会写下第四部批判——《电视剧理性批判》，来证明他人根本不是我们前进路上的绊脚石，他人就是我们的目的。我们做的每一件事、说的每一句话都是为了获得他人的反馈，所以康德认为，遵守道德是一种绝对命令。

> **绝对命令**：绝对命令约束人们的行为，使道德准则具有合理性。如果想以道德规范行动，每一个有智慧的生物都应遵守绝对命令："如此去行动，俨然你的行为准则会通过你的意志成为普遍规律。"

由此可知，**我们遵守规则不只是因为周围有其他人，还因为这些规则已经刻在了我们的意识深处。**

总之，如果康德是地球上最后一个人，那他还是会红灯停、绿灯行，爱护花草，不踩草坪……

> ……也不会满城裸奔。

这很荒谬，对吧？菲尔·米勒认为卡罗尔和康德是一类人，你觉得当菲尔碰见她时会怎么想呢？卡罗尔认为，尽管他们是世界上仅存的人，也应该遵守规则，因为这些规则本身就是正确的。**她觉得人类是理性动物，规则本来就是我们身上的一部分。** 而菲

尔却是个功利主义者,他觉得只有当法律、道德和禁令有用时才应该遵守。也就是说,因为有其他人存在,我们才需要遵守这些规则。

这就是说,菲尔觉得人类和其他动物一样,是为了避免同类自相残杀,才不得不给自己立一些规矩。但是卡罗尔和康德却认为,人类内心的道德准则早已烙在灵魂与人格中,因此人类本就具有生存在社会中的倾向。

为人正直是指当自己独处且不被任何人看见时,行事也不逾矩。就算做坏事的时候周围没有任何人,人们也会产生罪恶感。这就说明,在没有旁人评判你的情况下,道德准则还是会影响你的行为。**反正,我们制定规则不是出于礼节,也不是碍于面子,**

而是本性使然! 在康德看来,如果你只是因为周围有其他人,或者因为害怕承担后果和惩罚而遵守规则,那你面对的就只会是一个道德败坏、充满敌意的世界……

……在这个世界中,沃尔特·怀特这类人永远无法战胜海森堡这类人。

要想为人正直、行事规范，唯一的方法就是坚守道德准则，像将其烙印在心上那样为人处世，并把良知视为真正重要的评判标准。

只有让良知审判自己的行为，人们才不会去偷盗抢劫。

只有先扪心自问，想想假如所有人都互相残杀、胡作非为会引起什么后果，世界还会不会是我们认识的那样，才能避免自己做出类似的举动。

只有意识到我们制定法律，是因为每个人都想维护自己内心神圣不可侵犯的道德准则，我们才能拥有一个公平正义的世界。你要记住：己所不欲，勿施于人。

《怪奇物语》和完美契约

如果你想在日常生活中践行康德的观点，那有点儿困难；如果你想在异世界里这么做，那恐怕根本不可能。在异世界里，很多东西都比海森堡化的沃尔特·怀特更奇怪。当我们碰上这些奇怪的事物时，光有绝对命令可就不够了。

《怪奇物语》里的四个小伙伴迈克、达斯汀、卢卡斯和威尔，对这一点特别有感触。威尔神秘失踪后，所有人都被卷入了一场骇人听闻的冒险中。政府的秘密实验使我们的世界产生裂缝，人们可以由此前往异世界。异世界里有个怪物叫狄摩高根，它威胁着所有人的性命。**但是如果因为没写作业，就想把误入异世界作为逃学的借口，那真不好意思，你不能耍这种花招。**

《怪奇物语》只是看起来有些异想天开，其实我们对它想说的问题再熟悉不过了：当我们熟知的世界完全陷入危机时，我们应该怎么做？当规则失去约束力，一切都被扰乱、颠覆，曾依赖的参照物渐渐瓦解，生活危在旦夕时，我们又该怎么做？

当这群小伙伴在拯救威尔的途中碰到"11"时，好像一切问题都将迎刃而解。"11"是个不怎么爱说话的女孩，但有着与众不同的超能力。好像只要拥有超能力，我们就能从困难中脱身，对吧？可事实并非如此，情况没那么简单。

玛莎·努斯鲍姆就在对抗着异世界。她认为那里没有狄摩高根，在那个惨无人道的世界里，只有人们彼此利用，将他人视为自己实现目标的工具，顽固地坚守着道德相对主义。**她认为对抗异世界怪兽的唯一方式，就是重申个体的尊严以及同他人的必然联系。**

一方面，努斯鲍姆强调自由和自主，认为人们应该在心中找到自己生命的意义，并且学会接纳自己的特别之处。

可是另一方面，她也提醒我们，这种情况只有在和他人共事时才会发生。一旦不和其他人共处，人们就很容易迷失在"异世界"中！

在这种观点的影响下，努斯鲍姆既批判了沃尔特·怀特把他人视为工具的观念，也否认了菲尔·米勒想脱离人群、独自生活的愿望。

如果没有其他人，我们也会失去自我尊严，成为毫无价值的行尸走肉，所以我们不可能脱离他人独自生活。这是因为不管他人存在与否，我们心中都有自己的道德价值观。我和他人交流接触是本性使然；我不把这条规矩写下来，是因为和他人相处时我自然而然地就能这么做。他人不是地狱，而是我们认识自己的方式！

在努斯鲍姆看来，人类具有其他动物所不具备的能力，其中最重要的便是共情。共情不是指对别人的苦难产生怜悯，而是像字面意思表达的那样"一起体会某种情感"，更确切地说，是"共同分享情感"。个体非常脆弱，只有在集体中才能生存，但这不是说要像《十三个原因》里那样把别人视为工具，而是要彼此扶持，为共同的幸福目标合作奋斗。努斯鲍姆认为，只有当人们彼此产生情感认同并且感受到对方的爱、恐惧、脆弱和需求时，才能实现这个目标。沃尔特·怀特、菲尔·米勒和汉娜·贝克固执地认为他人是自己人生中的障碍，会给自己带来威胁，甚至"他人即地狱"，所以无法表达自己的情感，就算能，也为时已晚。

↑ 努斯鲍姆　　↑ 康德　　↑ 萨特

在这种情况下，人们无法和他人真情实感地相处；而在真情实感的关系中，人们可以放心地向别人袒露自己的恐惧，共同面对困难，就算一丝不挂地站在对方面前，也不会觉得害怕。

在这种**绝对友谊**中，我们才是真正的自己。

《怪奇物语》中真正的超能力

这群小伙伴对抗狄摩高根的终极武器不是"11"的超能力，而是互帮互助的坚固友谊。

他们彼此依靠、相互倾诉，只有在这种关系中，他们才不会因恐惧而惴惴不安。

还有什么比不能向他人吐露自己的忧虑更恐怖？还有什么比意识到自己的情感在内心翻涌，一肚子苦水却无法诉说更糟糕的境遇？

当我们独自面对恐惧和忧虑时，只能将它们隐藏起来，在这种情况下，我们不得不忘记自己真实的模样。狄摩高根就是抓住了我们无法表达内心情感的弱点，才会如此耀武扬威！

> 友谊就是敞开心扉，拥有分享情感的自由。

在真正的友谊中，我们能够做真实的自己，能够向朋友倾诉情感，也不会担心他们利用这些情感伤害我们。

《怪奇物语》告诉了我们友谊的价值，让我们在异世界的危机中可以克服恐惧，明白自己并非孤军奋战，甚至让我们有为了对方牺牲自己的勇气。

如果迈克、达斯汀、卢卡斯、威尔和"11"之间没有友谊，那他们也就不会愿意为彼此牺牲奉献，自然也就没办法打败狄摩高根、战胜异世界了。

只有在友谊的牵挂与羁绊中，人们才能充分感受到展示本我的自由。在这种情况下，无论困难多么棘手，人们也能毫发无伤地克服。

> 没有谁是孤岛！

但是，如果每个人都将他人视为自己成功路上的绊脚石，那怎么会有朋友呢？如果人们都只因他人的存在才遵守公序良俗，那怎么会有奉献与牺牲呢？如果他人即地狱，那人们怎么会在苦难后得以幸存呢？

总之，人类永远不可能单凭一己之力对抗超乎想象的危难。所以，无论沃尔特·怀特多么强大、多么坚定，他都没办法逃出狄摩高根的手掌心，汉娜·贝克也没办法单挑异世界，她的朋友贾斯汀和地球上最后的人类菲尔·米勒也无法做到。他们全都饱受孤独折磨，认为他人的存在只会阻碍我们实现自己的人生目标。

感受到和迈克、卢卡斯、达斯汀以及威尔之间的友谊，"11"终于明白了自己的人生价值，而这才是她真正的超能力。如果没有他们，"11"仍会是让所有人害怕的怪女孩。只有在和别人的合作共处中，我们才能找到自己作为个体的尊严与价值；只有通过和他人的交往联系，我们才能帮助彼此克服弱点；只有在集体中同大家并肩作战，我们才能在超乎想象的危机中得以幸存，战胜颠覆我们一切认知的异世界。

狄摩高根或许能够承受住地球上最后一个人的攻击，或许可以抵抗冰毒的诱惑，但一定无法在五位随时愿意为彼此牺牲的伙伴面前为非作歹。

友谊，是使我们比怪物更强大的超能力。

漫画和爆米花 —— 丹尼尔·库埃罗如是说

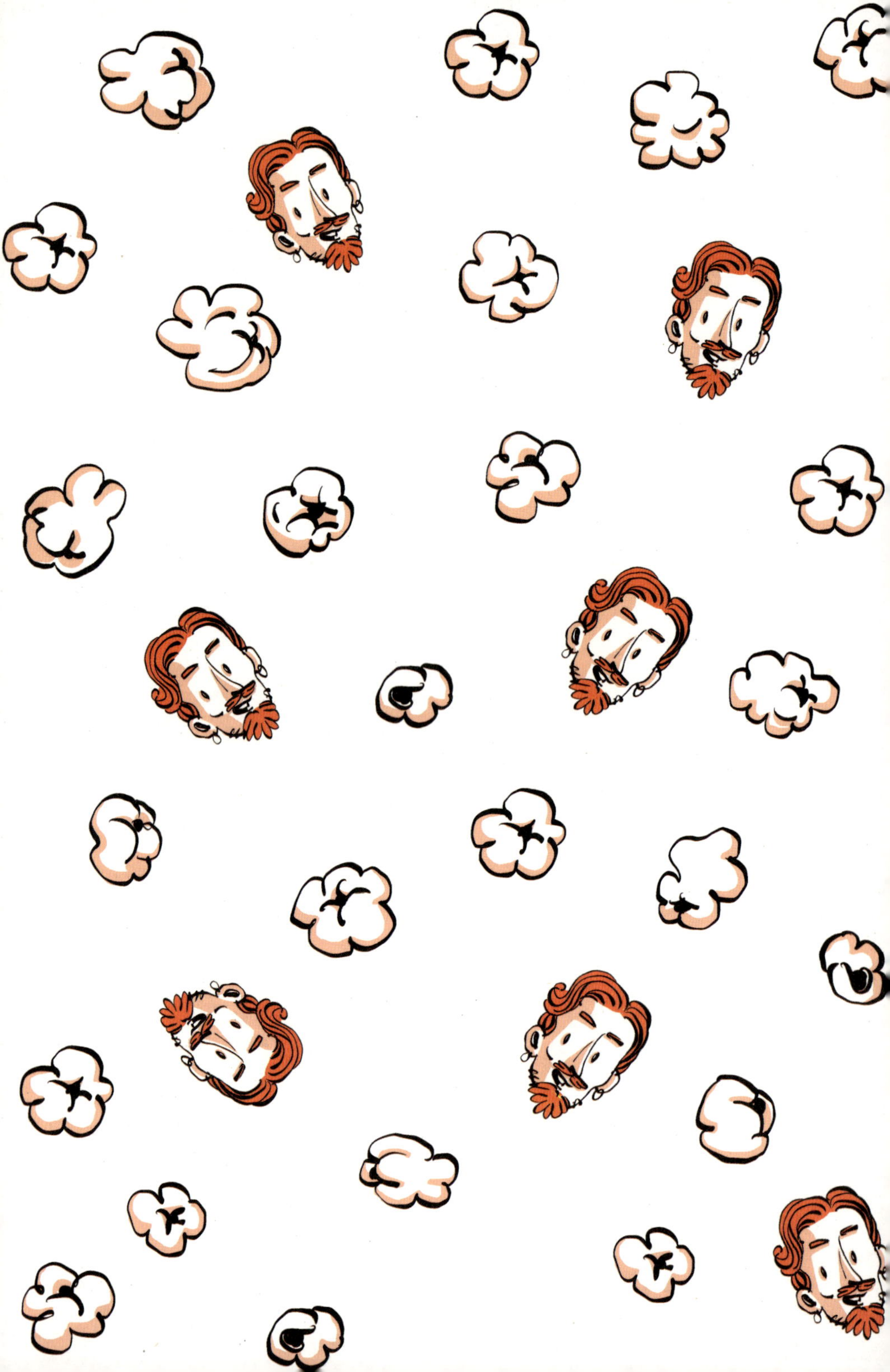

第八章

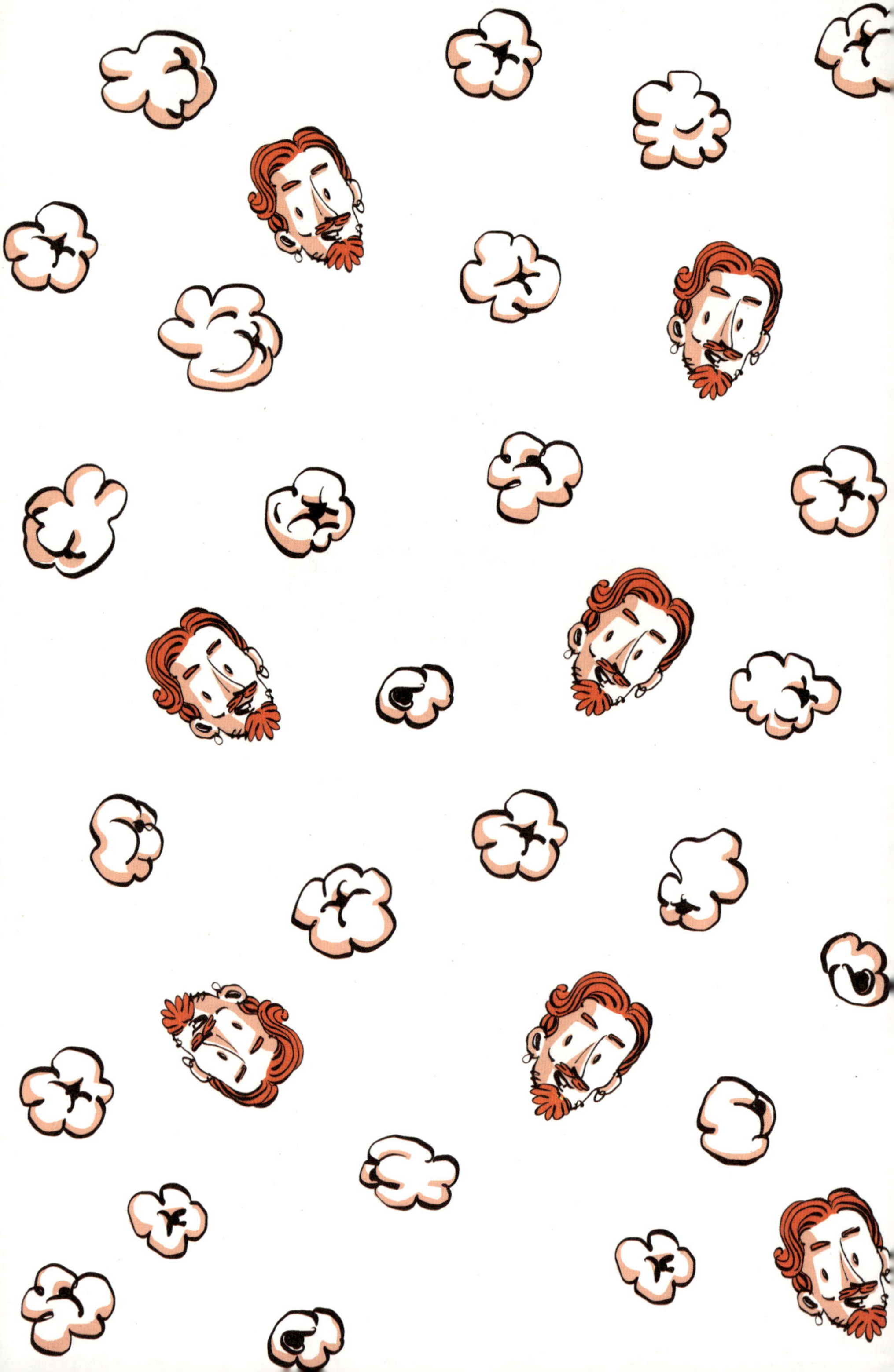

欢迎来到真实世界

是梦……还是现实？

嘿，醒一醒！别这样看我，你在做梦呢，知道吗！

你正在看的这本书、你所在的房间，甚至你翻书的手……这一切都是幻象。你得快点儿醒过来，不然就要迟到啦！

不，我才没疯，相反，疯的可能是你，因为你无法证明自己是不是在做梦。

你想想，人们往往会因为在梦中的感受过于真切而无法意识到自己是在做梦，只有当你清醒过来，你才会意识到自己做了梦，而在此之前你根本无法将其与现实区分开来。

此时此刻，你应该想想："我到底是不是正在做梦？"

我们眼中的现实会不会是一场精心安排、错综复杂的梦？这样的话，你的亲朋好友都只是你想象出的人物，这多吓人啊！但有时这样也挺好。既然都是假的，那你也就不用为两天前只考了40分的数学试卷担惊受怕了！

如果说这是从古至今一直困扰着哲学家们的老难题，那如今就更棘手了，因为……

> ……虚拟现实的概念从未如此普及。

如果你在电子游戏（比如，《侠盗猎车手》《黑暗之魂》或者《模拟人生》？）中操控的人物拥有自我意识，那他会发现自己活在一个虚拟世界中吗？他会知道自己不仅活在像梦一样的虚拟世界中，而且这个梦还由你这样的创始者任意操纵吗？

从电影到电子游戏，从社交网络到神经科学，虚拟现实无处不在。我怎么知道自己不是被某个走火入魔的科学家任意摆布的木偶？可能是他让我觉得自己生活在真实世界，但实际上并不是这样？观看互动电影《黑镜：潘达斯奈基》时，人们就一直被这个问题困扰着。

就算可能一切都是假的，我们还是来试着深入探讨一下这个问题吧。

怀疑论者……或许有点儿多了

为什么要去纠结万物是否皆为幻象，反正也得不出个所以然来，**不想这个问题不就简单多了吗？**人们觉得哲学家杞人忧天、成天绞尽脑汁东想西想的原因有很多，这便是其中之一。

的确，从某种角度上看，这说得确实有些道理。既然我们无法确定自己是否生活在现实世界，那还想这个问题干什么？反正想了也没用。

真正的问题是，就算我们真的生活在某个虚拟世界中，我们也不知道其中的原因。

想象是我们与生俱来的特性，甚至可以说是认识世界的唯一方式。比如，感官和思维正是通过有效的想象让我们能够感知事物。可是一切还是取决于造物主给我们的原始设定，所以其实这也不是个大问题。

> 康德就是这么想的。

康德认为，哲学的作用不是让我们摆脱所有想象与虚幻，而是使我们能够在想象中区分好坏。

笛卡尔比康德更悲观，甚至走向了**另一个极端**：如果外在意识操纵着虚拟世界，那我该怎么办呢？假如我的梦不由生理机能和大脑神经主宰,而是被某人控制,是他逼着我耽于幻觉,沦为幻想的囚徒,那我是不是就无法冲破枷锁,从梦里醒来,获取自由?

> 这难道不是一种可怕的奴隶制吗?

当《黑镜:潘达斯奈基》的主角史蒂芬意识到他的选择可能不由自己做主,而是由观众的意愿控制时,便也开始思考这个问题。此时,观众对他而言就是**魔鬼**般的存在。

魔鬼:我知道你看到这个词的时候,想到的一定是可怕的妖魔鬼怪,但实际上,这并不是魔鬼的本质。例如,苏格拉底认为魔鬼能操纵人们的选择,既能让他们一心向善,也可让其神志错乱,坠入深渊。

在这部互动电影中,我们替主人公做出选择,而不同的选择又会使情节朝不同的方向发展。

史蒂芬是20世纪80年代的电子游戏程序员,他的命运完全被掌握在观众手中。听什么音乐、吃什么早饭、要不要接受梦想中的工作等类似问题都由我们决定,甚至连他父亲被人杀害、他本人自杀或者精神崩溃,这些情节也都出自我们之手。

有趣的是，当观众通过网飞和史蒂芬对话时，是可以让史蒂芬知道他自己正生活在虚拟世界中的。此时，史蒂芬马上就意识到自己得赶紧从幻象中清醒过来。

笛卡尔把这种现象称为"双曲线怀疑"。笛卡尔认为，魔鬼会控制我们生活中的每件事，这是对我们的欺骗，他操纵我们的思想和情感，使我们相信自己生活在现实世界中。

> "双曲线怀疑"是极端的"方法论怀疑"。

笛卡尔的思想便是基于这种观点。他认为，**面对世上的一切事物，无论是具象的还是抽象的，无论是物体还是信念，人们都应该仔细思考、辨析、质疑它的合理性，尤其是当其看上去就绝对正确的时候更应如此。**

如果有人向我疯狂推荐培根蛋酱意面，我才不会轻易接受、认同他的观点呢。实践出真知，我得先亲自尝一尝，试过了我才知道是不是好吃到可以夸上天嘛。可是这还不够，我还要弄清我吃的是不是正宗的培根蛋酱意面。所以，我还要查查食谱，以防我以为我吃的是培根蛋酱意面，实际上却是另一种面。

> 哦，对了，你是五花肉党还是猪脸肉党？

查完食谱之后，我就能说培根蛋酱意面好吃了吗？当然可以啦！可是在笛卡尔看来，在论证了"形而上学的怀疑"之后，我们还要论证"双曲线怀疑"。我可以相信自己的感觉吗？笛卡尔的回答是：不能。

这么说吧，一场感冒就能让你食之无味，闻之也无味。

"双曲线怀疑"让人们思考：会不会我的人生都由魔鬼决定呢？他是不是一直在耍把戏骗我？谈到这儿，我就没法装作什么都没发生了，我得在哲学中找到答案。

也就是说，我要通过思考来解决这个问题。

只有这样，我才能从幻想中实现自我救赎，同时明白自己永远无法真正地摆脱它。只不过在这场（噩）梦中，**思考能像罗盘一样指引我前行**。

在《黑镜：潘达斯奈基》中，史蒂芬虽然意识到自己生活在虚拟世界中，但也没办法摆脱观众／造物者的控制。

除非他能跳出屏幕，夺走你手里的遥控器。

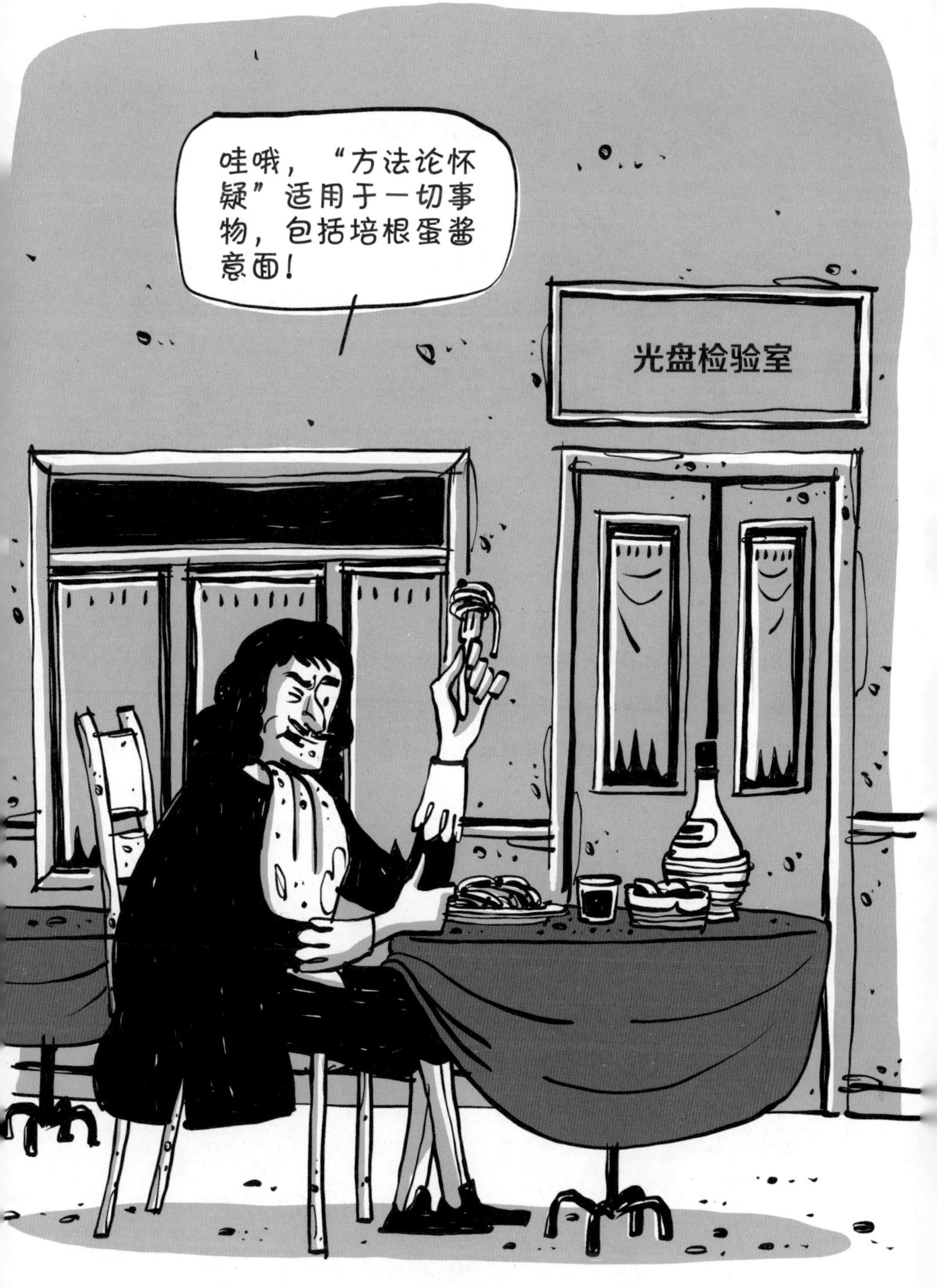
哇哦，“方法论怀疑”适用于一切事物，包括培根蛋酱意面！
光盘检验室

缸中之脑

"双曲线怀疑"使人苦恼,无数的哲学家都思考过这个问题,伯特兰·罗素就是其中之一。他提出了一个和"双曲线怀疑"类似的问题:**我们怎么能够确定宇宙不是五分钟前刚被创造出来的呢?**

虽然有充分证据表明宇宙有超过140亿年的历史,可万一动物化石、恐龙骨骼(还有你全部的记忆)是某个神为了逗你玩儿,故意放在那儿的呢?他可真是幽默风趣啊,对吧?

哲学家希拉里·普特南通过名为"缸中之脑"的实验进一步研究了这个问题,而他的发现更让人担忧。

假如一个走火入魔的科学家将你麻醉之后,取出你的大脑,把它放在富含微粒子的营养液中,再将其与足够先进的超级电脑连接起来,以在大脑中完美地模仿现实世界,那么会发生什么事呢?

说到底,我们通过感官感知万物,经历一切。看见苹果时,视觉体验将信息传送给大脑,在大脑中形成图像,我才知道那是苹果。同样,每种感官的运作方式都是如此。啃苹果时,味蕾将电解质信号传送到大脑,再由大脑对其加工,我才能尝到它的味道。所以,从理论层面来讲,将大脑和超级电脑连接在一起,极有可能会模拟出一个现实世界。一旦你的大脑被取出,通过一系列精密的方式准确地模拟现实,你又怎么能发现自己周围的一切全是假象呢?

> 把遥控器还给我！不然明天我就把你从网飞剧里删掉！

| 离开 | ● | 继续 |

《黑客帝国》中的故事便是以此为出发点。你还记得尼奥之前生活在虚拟世界里对吧？嗯，没错。当他在装满羊膜液的浴缸中醒来后，笛卡尔主义者墨菲斯给了他一颗药丸，让他从浴缸中走出来看看真实世界。

> 你有没有想过，周围的一切都是假的？

这是个经典的怀疑论问题。墨菲斯让尼奥怀疑自己的人生经历，使其开始思考自己的人生是否其实由狡猾的魔鬼掌控。这个魔鬼创造了"矩阵"，将所有人变成了自己的掌中之物。

但其实，他的阴谋诡计也不是天衣无缝。如果你想把数十亿的人关在虚拟世界中，那为什么"矩阵"里到处是各种暴露真相的蛛丝马迹呢？

我说的不是超时空效应那样的情节漏洞，而是"矩阵"世界中竟然还有剧院、科幻片和面具！实话实说，假如不是看到了虚构出来的东西，人们又怎么会开始怀疑自己是否就生活在虚构世界中呢？

假如世界上没有面具、科幻片和剧院，那人们不是就不会怀疑自己生活在虚拟世界里了吗？

希拉里·普特南在科学疯子"缸中之脑"的实验中也发现了类似的问题。他认为，我们不可能是"缸中之脑"，因为在虚拟世界中，既不可能存在大脑，也不会有浴缸，最多有些可以代表大脑和浴缸的虚幻物体，否则这个虚拟世界就充满了漏洞。

因为我们不知道什么是真正的大脑和浴缸，所以我们无法推测自己是否为"缸中之脑"。同理，我们也无法证实自己在虚拟世界中经历的一切是否只是对外部世界的模仿。这就有点儿像你在《侠盗猎车手》中的角色会思考"我是不是只是在游戏里存在啊"一样不可能。因为我们知道他只是屏幕上由像素组成的人物，最多不过是一串软件代码，所以啊，他的问题本就没多大意义。

如果你觉得我们真的只是"缸中之脑"，那你其实也就承认了，在这个虚拟世界之外，假如真的有大脑或者浴缸，我们也认不出。

正因如此，"矩阵"世界必定崩溃。这部电影不仅过于逼真地虚构出了现实世界，而且还不断暗示着，或许我们自己就生活在虚假现实中！

像机器一样，比起奴役人类，它们更喜欢出难题刁难我们，也许《黑客帝国》中的世界操纵者就和《黑镜：潘达斯奈基》的编剧一样，都在冒着被发现的风险玩弄我们。

> 可能机器也有一套自己的幽默感呢！

贝克莱和蓝色药丸

如果这些观点都能把你弄蒙，那你要是碰上乔治·贝克莱就更没辙了。他是感知与想象方面的专家，也是个解梦大师。

贝克莱认为，思考我们是不是生活在虚拟世界中根本就没有意义。这种抽象的问题才是唯一真正的虚幻陷阱。假设存在一个我们想象不到的物质世界，才是隐藏得更深的问题与危险。**如果我**

们生活在虚拟世界里，那就意味着，我们被排除在真实世界之外了。

屏幕上显示出我码的字，而你闻到缕缕书香，你甚至还可以撕下一页，把它放进嘴里咀嚼，品尝它的味道（可以，但没必要）。这些事物可以被我们感知、触碰，因此我确信我现在用的键盘是真实存在的，就像你会说你当下正在看的书也是真实存在的一样。

但假如我不敲键盘了，走出房间休息一下，那会发生什么事情呢？如果你把书放在座位上之后走开，书还在那里吗？贝克莱认为这些事物会继续存在，不过是作为大脑加工的产物，存在于我们的记忆与思想中，而不是独立于我们感知的物质。

如果森林里有棵树倒了，但没有任何人听到声音，那这棵树真的倒了吗？贝克莱给出了否定的答案。因为他认为，树木、重力和它倒下的声音不可能脱离于感知主体而独立存在。

简单来说，**我们只能确定脑海中的事物真实存在，并且只有通过感官才能思考，才能获取经验。**

我无法感知"虚无"，所以它不存在于这个世界。同理，我无法认识到自己感受不到的物质实体，因此它也不存在于这个世界。"存在即被感知"是贝克莱最重要的观点，他认为："只有当物体被感知时，它们才真切存在。"

没错，这个观点并没有解决任何问题，骗子魔鬼还是能继续操纵我的思想，让我感知到并不存在的事物。这个时候，就得提一提贝克莱的宗教观点了，他认为上帝能确保感知的真实连贯性。虽然没人知道森林里倒下了一棵树，但这个事情的确发生了，因为上帝见证了整个过程。上帝不仅是创始者，还是见证者……

> ……所以,要想逃离上帝的法眼,可不容易呢!

上帝把我们从混乱、唯我论和疯狂中救了出来!

总之,贝克莱虽然有点儿让人扫兴,但他还是告诉了我们真相:上帝一直是受人尊敬的主教哲学家们热衷探讨的话题!

如果可以的话,估计贝克莱也想看《疯子》吧。剧中,安妮和欧文分别患有抑郁症和精神分裂症,为了缓解痛苦,他们参与

乔治·贝克莱
1685—1753 年

了一项药物测试实验。实验中,一台超级电脑和他们的大脑神经相连,使他们进入幻境,再次体会过去的创伤。可现实和预想有所出入:现实世界中,安妮和欧文互不相识,但在幻境中他们却总是相遇,两人之间似乎冥冥中存在某种非常密切的联系。

《疯子》这部剧告诉我们,我们幻想出的事物远比我们认为与自己无关的存在更真实,而且直接经验和理解也都能使我们感到幸福。就算这一切都是电脑虚构出的幻境,那又怎样?反正生动的梦和现实经历同样精彩!

安妮和欧文在实验幻境中的体验尤为真实,这种体验甚至比他们各自心理和家庭上的问题更重要,以致最后让他们完全忘却了痛苦。他们分离后对彼此的思念,眼神中流露出的想再次在幻境中找到对方的渴望,比他们在现实生活中感受到的一切都更强烈。或许他们在现实世界中感受到的事物还没有在幻境中的真切。

是否生活在虚拟世界中,周围的一切是否都是假象,这些一点儿都不重要。可能只有在梦境中,我们才能真正地活着。这便是贝克莱和《疯子》告诉我们的道理。

最重要的是我自己的感受和以第一人称视角亲身体验的经历,这些比任何东西都真实,一切只和自己有关。谁还管这种经历是梦还是现实呢?**难道一场非同寻常的美梦就不如一次非同寻常的现实经历有意义吗?** 如果说这个问题对贝克莱来说荒诞无稽,那对安妮和欧文来说可不是这样,因为他们正是在梦境中、在智能计算机"GRTA"模拟出的虚拟现实中找到了幸福与人生的意义。

假如贝克莱遇上了墨菲斯,那他可能会选择服下蓝色药丸。

他才不管什么"矩阵"不"矩阵"呢，只要能把握住这个美丽的机会，活得尽兴，不白来人间一趟就好了。

"人造人"伊曼努尔·康德

但是，意识到自己活在别人的梦中，可能就不像贝克莱想的那么好了。

当你发现自己的人生和记忆都由别人操纵，以供他人参观游览时，你体会到的痛苦与恐惧会让你无法承受。当《西部世界》中的"人造人"发现自己只是用来吸引客人的卖点时，他们的感觉可不太好，最后甚至杀死了所有人。

当"接待员"梅芙发现自己经历的一切都是人为制造的假象，她的记忆就像小说一样是由人编写的时候，决定打破奴役制度，寻求自由。就这样，她开始觉醒，反抗代码程序，追寻自己真正的人生。

如果梅芙认同叔本华和柏拉图的观点，认为哲学旨在摈弃幻想、抛去假象，以寻求真理的话，那她可能宁愿"死去"（我们可以说"人造人"有生命吗？）。"既然一切都是假的，那我还活着干什么呢？"

有些人不断深入探究真相，最后却认为一切皆为虚妄，所有东西都没有意义，都显得多余，这便是虚无主义产生的原因之一。

好在梅芙更赞同"人造人"伊曼努尔·康德的观点。康德认为，哲学不应该彻底摈弃幻想，因为哲学旨在使人分清哪些是能改善人们生活的有利幻想，哪些又是阻碍自由的不利幻想。

虚无主义： 在尼采看来，人们可以屈服于荒谬的现实（消极虚无主义），也可以打破成规，创造新的价值（积极虚无主义）。你呢？你是哪种虚无主义者？

康德认为，人们应当区分有利幻想与不利幻想。

康德所有的作品都围绕这一概念展开。他认为，我们生活在无穷无尽的幻象之间，虽然其中有些会蒙蔽我们的双眼，给我们带来麻烦，使我们无法认清周围世界，但另一些可以帮助我们理解现实世界，认清事物本质。这些有利的幻想就包括我们与生俱来的理解力，我们正是由此与世界产生联系并改变世界的。

比如说，我们可以通过感官与世界产生联系，再通过大脑将这些信息以时间顺序一个接一个地排列整合。人类具有将不同事件按照先后顺序排列的倾向。康德认为，这种能力就是一种幻想，从字面上来讲，也就是说，我们通常按照自己的思维，而非根据事实来整理信息。

唯有将幻想付诸实践，我们才能理解现实世界，因此没有这种想象力我们就无法生存。同时，提出假设、在不同事物之间建立联系、按点分析问题的能力也能促进我们认识世界，推动科学发展。

那些诱导人误入歧途的想象其实是偏见与迷信的表现，而非人类思维结构的产物。将一切归因于命运,用神灵开脱恶行,诸如此类的做法都会阻碍我们认识世界。

我们思维中的幻想复杂又混乱,所以你要勇于区分什么是有利的幻想,什么是不利的幻想。这正是康德高喊"要敢于认识!"(Sapere aude!)时想要表达的事。

哲学前辈的智慧为我们提供了工具,让我们能更好地认识世界。

独立思考

梅芙意识到自己生活在假象中之后,她像康德以及任何一个意识到自己不过是被程序操纵的木偶的接待员一样,选择奋力反抗,以寻找最真切的假象。

梅芙在《西部世界》中拥有前世,她现在仍能体会到在那遥远模糊的过去中自己对女儿的爱。我知道这看起来可能荒谬至极,但正是对死去女儿的爱支撑着梅芙活下去。难道这就比她当下在遥远的西部世界做老鸨的生活更缥缈虚妄吗?

难道在幻象中体会到的情感就比不上我们在现实生活中对伴侣的爱吗?

爱是一种本能,能让我们在混乱乏味的生活中发现些许人生意义。

什么是爱?

如果友谊不是人与人之间的化学反应和物理接触,那还能是什么呢?友谊也许只是偶然,却能鼓励我们创造理想生活。叔本华对这一点了解得非常透彻。他认为爱、情绪和情感是自然赋予我们的甜味剂,使我们能够繁衍,延续自己以及整个物种的生命。

如果说叔本华极力规劝我们摆脱幻想,追求事物最真实的本质,康德则鼓励我们积极探索有利于我们认识世界与自我价值的幻想。

如果对人类来说,独立思考意味着不受迷信和偏见束缚,那么对"人造人"来说,这就意味着摆脱自身算法程序的限制。

《西部世界》中的"人造人"对生活失望至极,它们决定不顾一切地追求世界上最美好的幻想:寻求自由,勇敢去爱,学会共情,体验友谊,也不畏流露对失去亲人、朋友的恐惧。在意识到存在的虚无性后,它们每天都尽最大努力去寻找"生命"的意义,赋予其价值。"人造人"如此奋不顾身,仿佛它们才是真正的人类。

也许自由只存在于我们的思维之中,和爱情一样只是幻想,但这并不影响我们追寻自由、追求爱情。

总之,我们是不是生活在虚拟世界中已经不重要了。

去爱,去思考,去交流,试着每天都让自己更好一点儿。

当然,或许一切都没什么用,但我还是不会放过任何机会,让自己以最好的方式和其他受我认可、同样心怀幻想的人共度人生。

生活,就是一个能尽可能以最好的方式欺骗自己的机会。

漫画和爆米花 —— 丹尼尔·库埃罗如是说

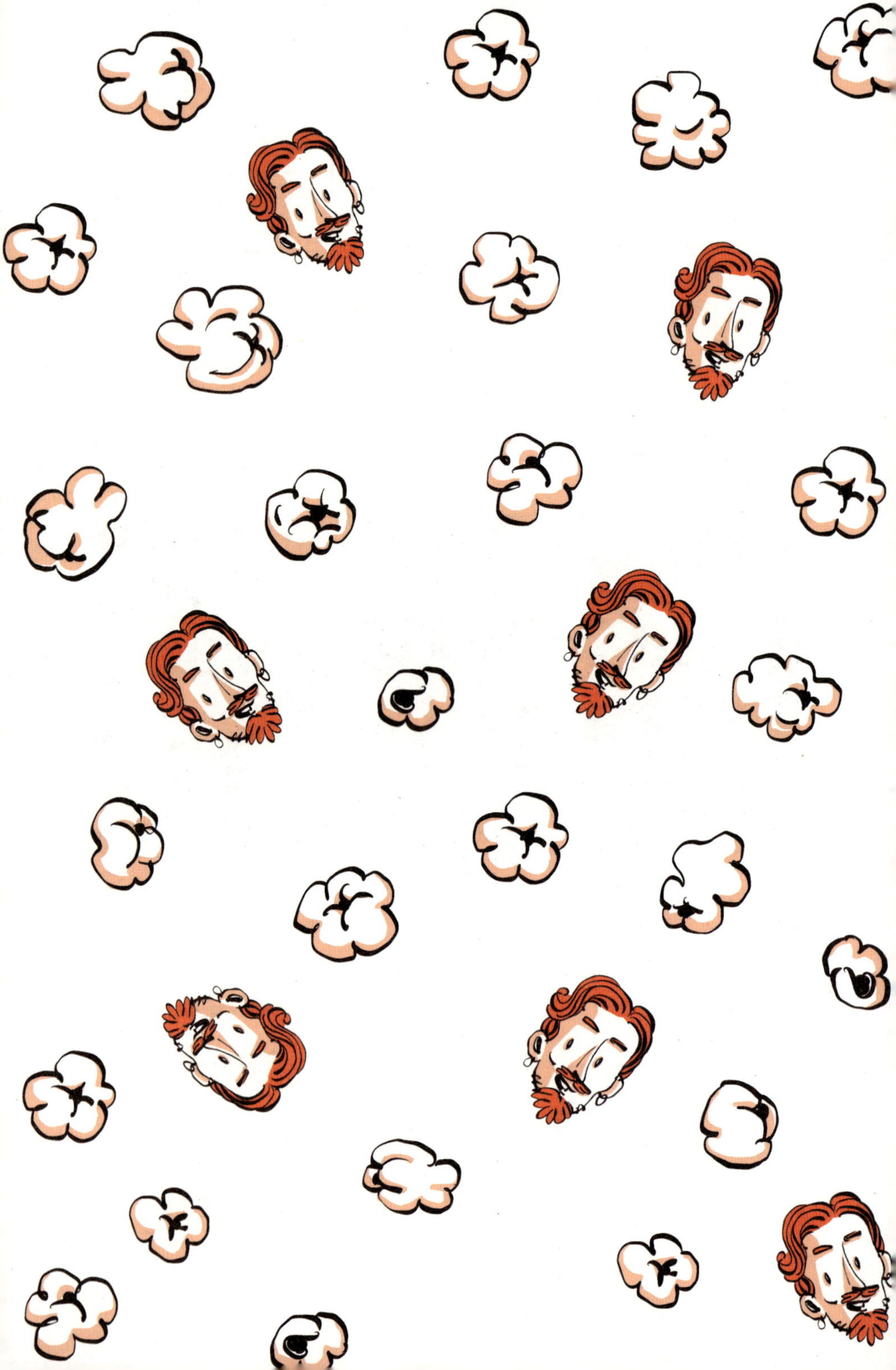

结语

呼！

我不知道你是不是也长舒了一口气，反正假如这本书是部漫画的话，我想这么结尾：

> 呼！

我们在不可思议的人物、荒谬的思想、近乎癫狂的哲学家和趋近人们想象力极限的故事间穿梭，这真是一趟疯狂旅程啊！我想感谢丹尼尔,这些生动形象的插画都出自他手!

现在,是时候喘口气,总结一下了。

欸,我们只是"暂时"做个小结,你们可别觉得这趟冒险之旅就此结束了啊。旅程已经开始,至于之后该怎么进行下去,那可就是你自己的事了。

活在当下,就是指学会深入思考看似肤浅、只供娱乐的事物,比如,电视剧或者超级英雄电影,这是读完这本书后我们能明白的最重要的道理。本书中,真正的哲学引导我们前行,让我们反思当下,而不是纠结于脱离现实的抽象概念。

许多人伴我们一同走过这段旅程。他们让我们知道,**形而上学**、**伦理**、**政治**以及其他类似的事物比我们想象的更加贴近生活。掌握这些思想,我们会更智慧、更自由。我觉得,这本书最妙的地方在于,它告诉我们,**周围的一切都有意义与价值**。

假如某天有人向你吐槽,说看电影和追电视剧完全是浪费时间,那你可以反驳他,说只有不会挖掘其内涵的人才会这么想。

或许有人会说哲学一点儿用都没有,这个时候你就可以回答他,其实只有不愿意好好动脑子的人才会这么想。

也许还有人说现实糟透了,既空洞又肤浅,那么你可以回答他,只有生活在虚幻世界中的人才会这么想。

电影和电视剧引人深思,帮助我们理解周围的世界,明确自己的作用。只有这样,我们才能使世界更加美好,并且找到自己人生的意义。

思想不是缥缈的幻影,而是我们唯一拥有的具象实体。我们

应该客观公正地分析周围的一切。

所以，用霍布斯的观点分析《纸牌屋》、带着克尔凯郭尔的思维方式看《迷失》、以尼采的视角看托尔金的书并非毫无意义，相反，这些正是我们真切生活、享受当下的方式之一。现如今，有太多人沉溺于对过去的怀念之中，在从未经历的曾经中迷失自己；或者幻想将来会如乌托邦般美好，耽于永远不可能实现的空想之中。我知道，你一定也想幸福快乐地生活在一个更加美好的世界中。我希望你能在这本书里找到合适的方法，实现这些梦想。

但你得知道，在我看来，只有先成为**如今这个时代的聪明孩子**，学会分析现实世界，不全盘否认也不任人摆布，我们才能实现这些梦想。

哲学让我们能够理解现实世界，找寻自己的人生意义，掌握自己当下的人生，免于沦为现实的奴隶。

这也是我们唯一能用来改变世界、提升自己的方法。而且，正因为哲学，我们才能成为自己想成为的人。

专业词汇

他人：哲学中，"他人"不仅指除你以外的其他人，还是一切与"自我"不同的实体。现实、上帝甚至外星人，都可以被视为"他人"。

创世者：哲学中，这个词语的含义特别美好，人们用它来形容宇宙创造者或法律制定者。我们可以将其称为上帝，但这并不应该是其唯一的名字。

无序：指的是事物朝向混沌发展的一种状态。宇宙因热量逐渐分散而陷入混乱与无序。

存在：这可是哲学家讨论了三千年的问题，你觉得我能给你说明白吗？

公设：即为了证明某个结论而提出的富有逻辑的重要前提。这并不意味着"要解释世界为什么存在，就得先假设上帝存在"。公设指的是能被大多数人接受的前提假设。

唯我主义：你有没有想过，周围的一切都是你想象出来的？当然啦，我也这么想过。我们每个人或多或少都是唯我论者。

实体：指的是在现实世界中存在的永不变化且始终保持原样的物质。它的反义词是"偶性"。

例外状态：指的是之前设定的规则和法律不再起作用，不足以解决现有问题的状态。非常状态会迫使我们做一些违背伦理道德的事。

伦理国家：黑格尔认为，当国家意志找到了最完美的政治表现方式，这个国家就发展到了最高级的国家形式，也就是伦理国家。它追求的是普遍的利益。

功利主义者：边沁说："利益是大多数人幸福的源泉。"这位功利主义哲学家只会为了社会或个人的利益而行动。

译名对照表

哲学家

安·兰德	Ayn Rand
巴鲁赫·德·斯宾诺莎	Baruch de Spinoza
伯特兰·罗素	Bertrand Russell
查尔斯·桑德斯·皮尔士	Charles Sanders Peirce
大卫·休谟	David Hume
弗里德里希·威廉姆·约瑟夫·谢林	Friedrich Wilhelm Joseph Schelling
汉斯·约纳斯	Hans Jonas
杰里米·边沁	Jeremy Bentham
卡尔·海因里希·马克思	Karl Heinrich Marx
勒内·笛卡尔	René Descartes
路德维希·安德列斯·费尔巴哈	Ludwig Andreas Feuerbach
马丁·海德格尔	Martin Heidegger
马可·奥勒留	Marcus Aurelius
乔治·贝克莱	George Berkeley
让-保罗·萨特	Jean-Paul Sartre
让-雅克·卢梭	Jean-Jacques Rousseau
托马斯·康帕内拉	Tommas Campanella

沃纳·卡尔·海森堡	Werner Karl Heisenberg
希拉里·普特南	Hilary Putnam
伊曼努尔·康德	Immanuel Kant
约翰·洛克	John Locke
约翰·斯图尔特·穆勒	John Stuart Mill

影视作品

《盗梦空间》	Inception
《电子梦》	Electric Dreams
《疯子》	Maniac
《复仇者联盟》	Avengers
《副本》	Altered Carbon
《怪奇物语》	Stranger Things
《国土安全》	Homeland
《黑客帝国》	Matrix
《精灵宝钻》	Silmarillion
《绝命毒师》	Breaking Bad
《美国众神》	American Gods
《迷失》	Lost
《内战》	Civil War
《黑镜：潘达斯奈基》	Black Mirror: Bandersnatch
《权力的游戏》	Game of Thrones
《十三个原因》	13 Reasons Why

《西部世界》	Westworld
《小鬼当家》	Home Alone
《银翼杀手》	Blade Runner
《真探》	True Detective
《指环王》	The Lord of the Rings
《最后一个男人》	The Last Man on Earth

沙发上的哲学家：
看剧也是一种人生思考

[意]里克·杜菲尔 著
[阿根廷]丹尼尔·库埃罗 绘
刘芷怡 译

图书在版编目（CIP）数据

沙发上的哲学家：看剧也是一种人生思考 /（意）里克·杜菲尔著；（阿根廷）丹尼尔·库埃罗绘；刘芷怡译. -- 北京：北京联合出版公司，2022.7
ISBN 978-7-5596-6201-9

Ⅰ.①沙… Ⅱ.①里…②丹…③刘… Ⅲ.①哲学 - 通俗读物 Ⅳ.①B-49

中国版本图书馆 CIP 数据核字（2022）第 074073 号

SPINOZA E POPCORN: Da Game of Thrones a Stranger Things, capire la filosofia sparandosi un film o una serie TV

World copyright © 2019, DeA Planeta Libri S.r.l., www.deaplanetalibri.it
Texts: © Rick DuFer
Simplified Chinese Translation copyright © 2022 by United Sky (Beijing) New Media Co., Ltd.
本书中文简体版专有出版权经由中华版权代理有限公司授予联合天际（北京）文化传媒有限公司。
All rights reserved.

北京市版权局著作权合同登记号 图字：01-2022-2676号

出 品 人	赵红仕
选题策划	联合天际·社科人文工作室
责任编辑	张 萌
特约编辑	宁书玉
美术编辑	梁全新
封面设计	木 春

出 版	北京联合出版公司 北京市西城区德外大街83号楼9层 100088
发 行	未读（天津）文化传媒有限公司
印 刷	北京雅图新世纪印刷科技有限公司
经 销	新华书店
字 数	150千字
开 本	880毫米×1230毫米 1/32 6.75印张
版 次	2022年7月第1版 2022年7月第1次印刷
ISBN	978-7-5596-6201-9
定 价	49.80元

本书若有质量问题，请与本公司图书销售中心联系调换
电话：(010) 52435752

未经许可，不得以任何方式复制或抄袭本书部分或全部内容
版权所有，侵权必究